JN323236

ミネルヴァ日本評伝選

大正天皇

一躍五大洲を雄飛す

F・R・ディキンソン著

ミネルヴァ書房

刊行の趣意

「学問は歴史に極まり候ことに候」とは、先哲荻生徂徠のことばである。歴史のなかにこそ人間の智恵は宿されている。人間の愚かさもそこにはあらわだ。この歴史を探り、歴史に学んでこそ、人間はようやくみずからの正体を知り、いくらかは賢くなることができる。新しい勇気を得て未来に向かうことができる。徂徠はそう言いたかったのだろう。

「ミネルヴァ日本評伝選」は、私たちの直接の先人について、この人間知を学びなおそうという試みである。日本列島の過去に生きた人々の言行を、深く、くわしく探って、そこに現代への批判を聴きとろうとする試みである。日本人ばかりではない。列島の歴史にかかわった多くの異国の人々の声にも耳を傾けよう。先人たちの書き残した文章をそのひだにまで立ち入って読み、彼らの旅した跡をたどりなおし、彼らのなしとげた事業を広い文脈のなかで注意深く観察しなおす――そのとき、はじめて先人たちはいまの私たちのかたわらによみがえってくる。彼らのなまの声で歴史の智恵を、また人間であることのよろこびと苦しみを、私たちに伝えてくれもするだろう。

この「評伝選」のつらなりのなかから、列島の歴史はおのずからその複雑さと奥ゆきの深さをもって浮かび上がってくるはずだ。これを読むとき、私たちのなかに新たな自信と勇気が湧いてきて、その矜持と勇気をもって「グローバリゼーション」の世紀に立ち向かってゆくことができる――そのような「ミネルヴァ日本評伝選」にしたいと、私たちは願っている。

平成十五年（二〇〇三）九月

上横手雅敬
芳賀　徹

山本権兵衛伯爵に贈った署名入り写真

銀婚式記念の御真影
（左：大正天皇，右：貞明皇后）

学道則愛人
（嘉仁筆）

貴顕結婚式之図（楊斎延一画，1900年）

御遊覧青葉の里（楊斎延一画，1903年）

東北地方秋季特別演習に赴く大正天皇（前方左，1915年）

はしがき

軽視されてきた天皇

大正天皇（明宮嘉仁《はるのみやよしひと》）は歴史的固定観念として、近代国家設立以来、一番軽視されてきた天皇である。健康上の理由のために、摂政が設定され、治世の期間は比較的短い（一九一二～二六年、摂政の期間を引けば、一九一二～二一年、たった一〇年だけである）。さらに言えば、明治時代の国家建設事業や昭和初期の一五年戦争ほど大きな出来事が大正時代にはないように考えられている。

しかし、大正の不評は天皇の健康や治世の期間によるものではない。また、後に指摘するように、時代を定義するほどの大きな出来事がその期間中起こらなかったことではけっしてない。いや、明宮嘉仁の最も大きな不幸は二〇世紀の一番破壊的な戦争の直前に在位していたことにある。一九三一年の直前まで続く大正時代は、どうしても一五年戦争と関連づけられがちである。危機の時代か、可能性の時代か、どちらを強調しても、大正のイメージはその直後に勃発する戦争の歴史によって、大きく揺るがされるのである。

一五年戦争と関連づけされる以上、大正天皇とその時代に「特殊な日本」というイメージが思い浮かぶ。満州事変から第二次世界大戦の敗戦までの日本は、現代にあっても特殊な国家、歪んだ文化の産物のように扱われているからである。昭和初期が特殊な時期であれば、そこへ導く大正も問われなければならない。よって、大正天皇の問題点、特にその健康状態に関心が集まることになる。しかし、嘉仁の容態に集中するだけでは大正時代を正確に見通すことはできないのである。

では、大正時代を昭和初期の「危機」から離して分析すればどんなことが見えるであろうか。三〇年前から西洋史の専門家がまさにこのような研究を行っている。すなわち、戦間期ヨーロッパを第二次世界大戦の歴史と分離して分析しているのである（Jon Jacobson, "Is There a New International History of the 1920s?"）。それは、戦間期をその当時の価値基準で判断することである。そうすることによって、戦間期を、例えば、「外交政策が以前の平和な時代や以後の（戦争）時代と比べても独特な性格を持つようになった」時だったとするザラ・スタイナー氏の最近の主張も肯定することができる（Zara Steiner, *The Lights that Failed,* p. 602）。

二〇世紀日本の原点としての大正

大正時代をその時期の世界的基準で判断しようとすれば、どんなことがわかるであろうか。大正は軽視されるべき時代ではなく、むしろ世界史における近代日本の位置を探るには一番良い時代であると考えられる。なぜなら、大正は近代史を専門とする者が二〇世紀の始まりと考えている時期に当てはまるからである。

近代史の専門家はそろって二〇世紀の始まりを第一次世界大戦に求める。大戦によって、世界の政治、経済、社会、文化が変貌した。以来、世界史上画期的な出来事はいくつもあるが（第二次世界大戦、冷戦、ソ連の崩壊、中華民国の勃興等)、二一世紀現在の世界は色々な意味で第一次世界大戦による変貌に帰する、ということがまず言える。第一次世界大戦終戦の一九一八年一一月一一日ほど世界中が祝う記念日はない。名歴史家バーバラ・タックマン氏が四〇年以上前に指摘したことは未だに真実である。すなわち、「一九一四〜一八年の大戦は我等の時代とあの時代を二分する焼かれた野原のようである」(Barbara Tuchman, *The Proud Tower*, p. xiii) という言葉である。

明宮嘉仁はちょうどこの「焼かれた野原」の時代に治世した天皇である。狭義の日本国史の文脈の中でその人生と時代を語ろうとすれば、大正の微々たるイメージは免れないかもしれない。しかし、二〇世紀の世界史という、より広い視野から分析してみれば、全く異なる時代像が浮かび上がってくる。本書は大正天皇の研究をとおして、いかに「微々たる」大正から二〇世紀日本の原点としての大正へと昇華しえるかを追究する試みである。

大正天皇——一躍五大洲を雄飛す　目次

図版一覧

山本権兵衛伯爵に贈った署名入り写真（『天皇四代の肖像』毎日新聞社刊より）……口絵1頁
銀婚式記念の御真影（大正天皇・貞明皇后）（『大正天皇御写真帖』明治天皇御写真帖刊行会刊〔京都大学人文科学研究所蔵〕より）……カバー写真、口絵2頁
嘉仁筆「学道則愛人」（『大正天皇御写真帖』明治天皇御写真帖刊行会刊〔京都大学人文科学研究所蔵〕より）……口絵3頁上
錦絵「貴顕結婚式之図」（『錦絵、幕末明治の歴史』第一二巻、講談社刊より）……口絵3頁下
錦絵「御遊覧青葉の里」（『錦絵、幕末明治の歴史』第一二巻、講談社刊より）……口絵4頁上
東北地方秋季特別大演習に赴く大正天皇（『大正天皇御写真帖』明治天皇御写真帖刊行会刊〔京都大学人文科学研究所蔵〕より）……口絵4頁下
錦絵「皇子御降誕之図」（『錦絵にみる明治天皇と明治時代』朝日新聞社刊より）……7
錦絵「皇国高宦鑑」（『錦絵にみる明治天皇と明治時代』朝日新聞社刊より）……10
錦絵「女官洋服裁縫之図」（『錦絵にみる明治天皇と明治時代』朝日新聞社刊より）……10
学習院正門（『明治百年の歴史・明治編』講談社刊より）……14
錦絵「立皇太子御式壺切丸御伝進之図」（『錦絵、幕末明治の歴史』第一〇巻、講談社刊より）……18
錦絵「奠都三十年祭祝賀奉迎之図」（『錦絵、幕末明治の歴史』第一二巻、講談社刊より）……19
陸軍中尉の嘉仁（『大正天皇御写真帖』明治天皇御写真帖刊行会刊〔京都大学人文科学研究所蔵〕

より）……………… 21
錦絵「凱旋還幸新橋通御」（『錦絵にみる明治天皇と明治時代』朝日新聞社刊より）……… 22
フランス語で書かれた嘉仁の手紙（『大正天皇御治世史』教文社刊より）……… 26
錦絵「連合軍北京城攻撃ス」（『かわら版・新聞』平凡社刊より）……… 27
錦絵「貴顕結婚式之図」（『錦絵、幕末明治の歴史』第一二巻、講談社刊より）……… 30
御婚儀祝典の記念切手（『皇室切手』平凡社刊より）……… 34
『萬朝報』一九〇〇年五月一〇日（京都府立図書館蔵）……… 36
赤坂離宮（『明治百年の歴史・明治編』講談社刊より）……… 39
表慶館（*Meiji Revisited : The Sites of Victorian Japan* より）……… 42
貞明皇后（絵葉書）（『絵はがきで見る日本近代』青弓社刊より）……… 45
家族三人を描いた絵葉書（『明治文化史』福田文陽堂刊より）……… 49
迪宮、淳宮、光宮（『高松宮宣仁親王』朝日新聞社刊より）……… 51
錦絵「御遊覧青葉の里」（『錦絵、幕末明治の歴史』第一二巻、講談社刊より）……… 54
錦絵「秋の宮中菊花盛」（『錦絵、幕末明治の歴史』第一〇巻、講談社刊より）……… 55
三大事業竣工祝賀式の学童旗行列（『写真集成京都百年パノラマ館』淡交社刊より）……… 61
モーターボートを操縦する光宮（『高松宮宣仁親王』朝日新聞社刊より）……… 66
有栖川宮威仁親王（『皇族古写真帖』新人物往来社刊より）……… 68
錦絵「広嶋大本営軍議ノ図」（『錦絵にみる明治天皇と明治時代』朝日新聞社刊より）……… 72
嘉仁と李王世子垠（『天皇四代の肖像』毎日新聞社刊より）……… 75

大正天皇・皇后と三人の皇子（『明治文化史』福田文陽堂刊より）……80
迪宮と淳宮を訪ねる嘉仁（『天皇四代の肖像』毎日新聞社刊より）……81
『ニューヨーク・タイムズ』に紹介された記事……83
スミスの宙返り飛行（絵葉書）（『絵はがきで見る日本近代』青弓社刊より）……94
連合国元首を描いた絵葉書（『大正天皇御治世史』教文社刊より）……96
東京大正博覧会時に発行された絵葉書（『絵はがきで見る日本近代』青弓社刊より）……99
大正博覧会における鉱山館と林業館（『明治百年の歴史・大正・昭和編』講談社刊より）……100
自動車に乗る有栖川宮（『日本世相百年史』京都新聞社刊より）……101
大正博覧会に向かう大隈重信（『明治百年の歴史・大正・昭和編』講談社刊より）……105
大典記念博覧会場（『写真集成京都百年パノラマ館』淡交社刊より）……106
大正大典の道路装飾（『写真集成京都百年パノラマ館』淡交社刊より）……109
イギリス国王からガーター勲章を贈られた大正天皇（『天皇四代の肖像』毎日新聞社刊より）……116
東京駅の開業式（『明治百年の歴史・大正・昭和編』講談社刊より）……121
パリへ向かうウィルソン大統領（*The First World War: An Illustrated History* より）……128
大正天皇銀婚の記念絵葉書（『皇室切手』平凡社刊より）……139
ゴルフの練習をする裕仁（『皇族・華族古写真帖』新人物往来社刊より）……142
裕仁と良子妃の結婚記念写真（『天皇四代の肖像』毎日新聞社刊より）……143
英国王ジョージ五世とバッキンガム宮殿に向かう裕仁（『天皇四代の肖像』毎日新聞社刊より）……145
英国首相ロイド・ジョージの別荘を訪れる裕仁（『天皇四代の肖像』毎日新聞社刊より）……147

大喪前後の国民（『天皇四代の肖像』毎日新聞社刊より）……155
多摩御陵全景（『大正天皇御治世史』教文社刊より）……156
崩御直前に参殿する各大臣たち（『大正天皇御写真帖』明治天皇御写真帖刊行会刊〈京都大学人文科学研究所蔵〉より）……157
東京中央放送局の演奏室（『絵はがきで見る日本近代』青弓社刊より）……159
平和の第一年を迎へて（『楽天パック』より）……166
昭和天皇、三笠宮、高松宮、秩父宮（『皇族に生まれて』渡辺出版刊より）……168
普選実現の祝賀会（『明治百年の歴史・大正・昭和編』講談社刊より）……171
明治神宮鎮座祭に参集した参拝者の群れ（『明治百年の歴史・大正・昭和編』講談社刊より）……175

天皇家系図

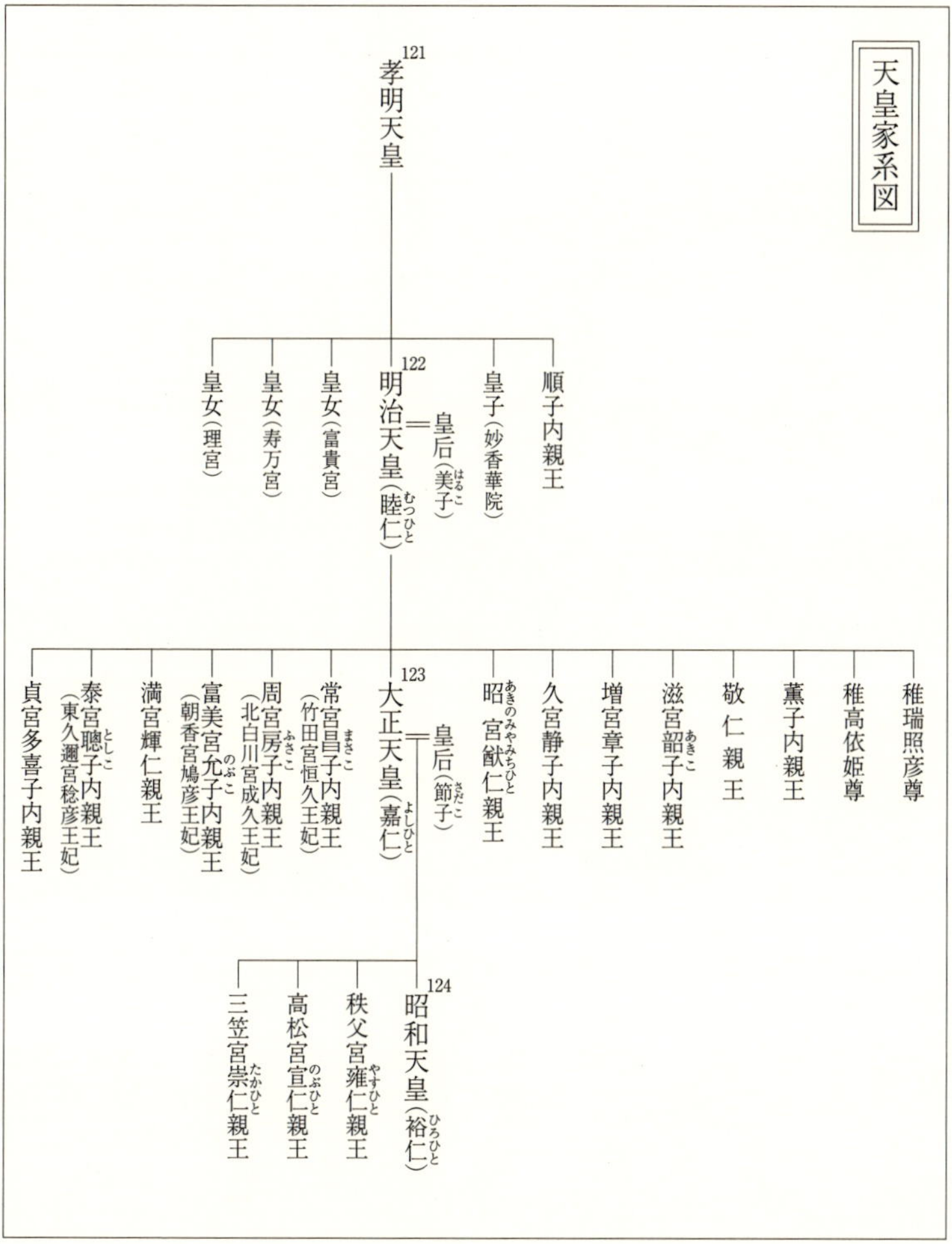
121 孝明天皇
順子内親王
皇子（妙香華院）
122 明治天皇（睦仁《むつひと》）＝皇后（美子《はるこ》）
皇女（富貴宮）
皇女（寿万宮）
皇女（理宮）
稚瑞照彦尊
稚高依姫尊
薫子内親王
敬仁親王
滋宮韶子《あきこ》内親王
増宮章子内親王
久宮静子内親王
昭宮《あきのみや》猷仁《みちひと》親王
123 大正天皇（嘉仁《よしひと》）＝皇后（節子《さだこ》）
常宮昌子《まさこ》内親王（竹田宮恒久王妃）
周宮房子《ふさこ》内親王（北白川宮成久王妃）
富美宮允子《のぶこ》内親王（朝香宮鳩彦王妃）
満宮輝仁親王
泰宮聡子《としこ》内親王（東久邇宮稔彦王妃）
貞宮多喜子内親王
124 昭和天皇（裕仁《ひろひと》）
秩父宮雍仁《やすひと》親王
高松宮宣仁《のぶひと》親王
三笠宮崇仁《たかひと》親王

第一章　病弱な天皇か

「皇子落誕之事は誠に主上の御為め、天下の為めに大慶なり、凡そ天下の為に継次を得たまふは誠に可欣感と申し奉るに外ならざる也。」

（『東京日日新聞』、一八七九年九月三日）

1　「近代国家の皇子」誕生

国家における天皇

大正天皇の長年の不人気は最近になって、ようやく変わり始めた。一九二七年出版の『大正天皇御治世史』以来、新しい伝記がずっとなかったのが二〇〇〇年になって、やっと一冊、二〇〇七年にはさらにもう一冊出て、嘉仁の学術的な研究が大きく進んでいる（原武史『大正天皇』、古川隆久『大正天皇』）。原武史や古川隆久の研究は最近になって公開された新資料、特に天皇側近の観察をフルに使いながら、嘉仁の動作を詳細に語り、その個人的性格を確実に把握している。

大正天皇はどのように育てられ、どのように振る舞ったかは近代日本史において興味深いことである。だが、伝記は個人の性格から時代の性格までを浮かび上がらせなければならない。特に国家の象徴である天皇の研究においては個人的性格ではなく、国家における天皇の位置に最も歴史的な意義があると思われる。

本書は天皇側近による観察の様子を記録した最新の資料はもちろん、公的な資料（例えば、日本や外国の新聞や雑誌）もフルに使いながら、嘉仁の個人的性格やより広い意味の国家的シンボリズムを探ってみたい。それによって大正天皇の歴史的意義が一段と明らかになるであろう。

「病身」の大正天皇？

大正天皇の長年の不人気が最近変わり始めたとしたら、従来の見方そのものも多少考え直されているようである。「衰弱した天皇」のイメージは摂政が置かれた時から広く普及したが、それ以前の一三年間は大した病気はなかったと原武史は主張する（原『大正天皇』、二二頁）。原氏が若い頃の明宮嘉仁の元気な様子を詳細に語っているのは意義深く、氏の主張は「病弱な治世」という歴史を覆す大きな一歩となった。

しかし、嘉仁がどれほど元気で、どれほど病気であったかという議論は大正時代の全容を把握するには限られた効果しかない。この頃の皇族の病気／死亡率は一般的に高かったからである。仁孝天皇（一八一七～四六年在位）の一五人の皇子皇女の内、三歳を越えて生きたのは三人だけである。孝明天皇（一八四六～六七年在位）には六人の嫡子がいたが、たった一人だけ（明治天皇）が孝明天皇より長生きした。明治天皇（睦仁《むつひと》）の場合は一五人の皇子皇女の内、五人しか成人しなかった（Donald Keene, *Emperor of Japan*, p. 2）。

一八世紀以降、天皇の寿命は一般的に短い。桜町（一七三五〜四七年在位）は三〇歳に崩御し、桃園（一七四七〜六二年在位）は二〇歳、後桃園（一七七〇〜七九年在位）は二一歳、仁孝（一八一七〜四六年在位）は四六歳、そして孝明（一八四七〜六六年在位）は三六歳で亡くなった（Keene, *Emperor of Japan*, p. 2）。明治天皇は五九歳まで生きたが、皇室の間では「至極御壮健近来はヶ様之御壮健」として知られていた（宮内庁『明治天皇記』、第二巻、五〇九頁）。であるのに、この「至極御壮健」の明治天皇でさえも、幼い頃に三ヶ月間の高熱や痙攣の重態となり（伊藤之雄『明治天皇』、八〜九頁）、大人になってからも、深酒、憂鬱症、糖尿病（一九〇六年以降）や慢性肝炎（一九〇六年以降）に悩み続け、最後は脳までおかされる尿毒症にかかった（山川三千子『女官』、一八八頁）。昭和天皇は八七歳まで生きたが、歴代天皇の中で最も長く在位した天皇で、珍しい例である。その一歳下の皇弟、秩父宮雍仁親王《ちちぶのみややすひとしんのう》は、一九五三年に五〇歳の若さで亡くなっている。そして、大正天皇が皇太子の頃、結婚相手として最初に内定した伏見宮禎子女王《ふしみのみやさちこ》は、結局女王の健康上の理由で取りやめとなった。

こういった背景から見れば、大正天皇の治世期間はけっして短くなく、四七歳で亡くなったとはいえ、充分な年齢まで生きたということになる。そして、人生最後の六年間に心身がかなり弱ったとしても、明治天皇の長年の病がその治世のすべてを定義しないのと同様に、嘉仁の健康状態が大正時代のすべてを語る理由もないのである。実際、当時の人々は摂政が置かれる前の嘉仁の健康にこだわることはなかった。健康が話題になった時は、皇族一般の問題として扱われた。例えば、作家の長与善郎（一八八一～一九六一年）は、「御愁わしげ」な顔立ちを孝明、明治、大正や昭和天皇の共通なものとして見、昭和天皇の性格の方を「いくらか病身の子供が時々そういう風であるように、お聞きわけがよく、おとなしい」と主張している（鶴見俊輔・中川六平編『天皇百話』、第一巻、二〇～二一頁）。大正天皇は同時代人にとってけっして「病身の天皇」として知られていたわけではなかったのである。

近代国家の象徴として

それでは、一九世紀後半、二〇世紀初頭の人々にとって、嘉仁はどのような天皇であったのだろうか。この数年、近代日本史における天皇のイメージは大きく変わってきた。三〇年前までは悲惨な一五年戦争を誘発した「天皇制」の主人公として主に取り扱われていたが、近年では、近代国家の最大の象徴というイメージが主流となった。特に明治天皇に関しては近代国家建設時代の主役として強調されるようになった。伊藤之雄氏によれば、明治はイギリス型立憲君主制が日本に定着した時代である（伊藤『明治天皇』）。

この明治天皇の近代的観点を最も強く主張してきたのはコロンビア大学のキャロル・グラック教授である。グラック氏は国家の近代化を強調するとともにその複雑な過程に明晰な光を照らしている。伝統的王政から近代的君主制への変容は多様な担い手（重臣、役人、インテリ、評論家等）による漸次的、意識的な過程において実現されたことであったという主張である（Carol Gluck, *Japan's Modern Myths : Ideology in the Late Meiji Period*）。

グラック氏は明治天皇に焦点をしぼっているが、大正天皇は一九世紀後半の近代化事業の真っ最中に生まれ、養育されているので、同じようなことが彼についても言えるのではないか。つまり、当時の重臣、役人、インテリ、評論家等が明治天皇を折に触れ、近代国家の象徴であると再定義したのと同じように、嘉仁も誕生の日から近代君主制の重要な柱の一つとして見られていた。さらに、近代化は過程であるとすれば、充実した近代君主制を本格化させるのは近代国家当初の天皇ではなく、実際にはその次の代からであると言えるのではないか。嘉仁は、要するに、「病身の天皇」ではなく、同時代人にとって、睦仁よりも近代国家により定着した象徴であったと言えよう。この近代国家の象徴としての嘉仁をまず天皇になる前の時期から探ってみることにする。

嘉仁誕生の歴史的意義

一九世紀日本の皇族において病気や早死が珍しくなかったにもかかわらず、大正天皇をめぐる研究はそろって、誕生そのものより嘉仁の誕生直後の重態症状に焦点をあてたがるようである。つまり、生まれた時に発疹症状を発症し、三週間ほど全身痙攣に苦しまされたことである。これは脳膜炎の症状らしく、重度の疾患で一生嘉仁の健康に悪影響を及ぼしたのは確かである。しかし、この幼い頃の重態の事実は、当時、あまり広く知られていなかった。誕生発表の際にそれは一切触れられておらず、「脳膜炎」と公的に認められたのは摂政が置かれる直前の一九二一年になってからである（安田浩『天皇の政治史——睦仁、嘉仁、裕仁の時代』、一五五頁）。

生まれた時の病身が一般的に問題化されなかったとしたら、その病気が及ぼした歴史的意義は限られている。より重要なのは同時代人によって、嘉仁の誕生がどのように受け止められ、位置づけられたかということである。冒頭の『東京日日新聞』の一文を見ると非常に喜ばしい事実として扱われていたのは確かである。これ以前には、明治天皇に二人の皇子が生まれたが、二人とも一歳にならないうちに亡くなっている。そして、一八七九年の段階では明治天皇はすでに一一年間も治世をとり、二七歳になっていた。「継次を得たまふをは誠に可欣感と申し奉る」とあるように、継承の可能性が見えてきたことが大きく取り上げられていたのは当然である（「大内山に瑞雲輝かしく棚曳く」『東京日日新聞』、一八七九年九月三日）。

しかし、皇太子の誕生はただ皇室の継続に一安心できたところに一番大きな意義があるのではない。より重要なのは明治、大正、両天皇誕生の歴史的背景の違いにある。睦仁、嘉仁が生まれた世の中が格段に違ったのは当然であるが、その歴史的文脈が各天皇の歴史的意義を大きく決めることになるのを忘れてはならない。

天下の為めに大慶

誕生当時、どちらかと言うと、睦仁の誕生インパクトの方が小さかったように思われる。徳川時代における皇室の位置づけは比較的軽視されていたからである。明治期に入ると皇太子は皇室の存亡だけでなく、一国家の存亡に繋がるようになる。嘉仁の場合、その誕生は近代国家の柱の一つである東京最初の日刊新聞、『東京日日新聞』で報道され、「天下の為めに大慶」と公表されたのが意義深い（「大内山に瑞雲輝かしく棚曳く」）。史上初めて皇子の誕生は「全国のため」という意味合いをもったからである。皇太子が生まれたというのは皇室が安泰だというだけでなく、生まれて間もない近代国家も安心できるという意味であった。誕生祝いに刊行された一競斎芳景の錦絵「皇子御降誕之図」には皇子と近代国家との関連が明白に出ている。宮中の皇子を抱く

皇子御降誕之図（一競斎芳景画，1879年）

皇后や天皇のまわりに太政大臣三条実美《さんじょうさねとみ》、右大臣岩倉具視、宮内卿徳大寺実則《とくだいじさねつね》、宮内大輔万《ま》里小路《でのこうじ》博房《ひろふさ》、そして侍従番長高崎正風《たかさきまさかぜ》を含む近代国家の重臣たちが皇子の方を向いて、熱心に見つめている（丹波恒夫『錦絵にみる明治天皇と明治時代』、四七頁）。

「天下」の安寧に関しては嘉仁の方は睦仁より明らかに有利な状況にあった。偶然と言うべきか、両天皇が生まれた時期に有力なアメリカ人が歴史的な訪日をしている。睦仁誕生の九ヶ月後にはペリー司令官、嘉仁誕生の二ヶ月前はグラント将軍。この二つの訪問は両時代の決定的な違いを象徴している。

ペリーは封建社会の遅れを明かし、日本の国内戦に拍車をかけたので有名であるが、グラント将軍の来日は、反対に、新しい日本の近代化の成果に拍手を送るようなものであった。最後に「貴国の富は自から内に盛にして外に求むる所なかるべし」と言い残したグラントは単なる挨拶をしたわけではない。将軍は南北戦争の英雄で八年間も居座った大統領の座から降りたばかりの国際的名士である。一八七九年六月の段階ではすでに二年間以上、大きく報道されていながら世界を一周し、日本を最後の寄港地としたのである。初めて見聞した日本人を「是まで遊歴せし諸国の人民と全く相反する」こととして「喜び」を表したのは単に日本人に賛辞を送ったという意味にとどまらない（「グラント御暇乞の為参内」『東京日日新聞』、一八七九年九月三日）。元大統領という、維新以来最高の身分の外人来訪者が二ヶ月間以上も滞在した後のことであるから、彼の賞辞はとりもなおさず近代国家建設の成功に対する最も強力な承認となった。

この承認は、天皇に向かって表されたからこそ最も深遠な意義をもった。グラントは明治天皇に数回にわたって拝謁し、天皇に大きな印象を与えたことはよく知られているが、より重要なのは、拝謁によって、近代国家最高の象徴である天皇をも承認したことである。「陛下の永く此の昌盛安寧なる国民を統治し、久しく天福を享有せられん事」を将軍が最後の拝謁で上申したことは『東京日日新聞』に大きく取り上げられ、新しい日本への最大の賛辞となった（「グラント御暇乞の為参内」）。

明治天皇が当時の近代化という画期的なドラマの主人公であったのは確かであるが、この背景の中で嘉仁が生まれたのを忘れてはならない。実際、グラントの明治天皇への最後の言葉を大きく報道した同じ日の『東京日日新聞』は「大内山に瑞雲輝かしく棚曳く」と誇らしげに嘉仁の誕生を発表している（「グラント御暇乞の為参内」）。嘉仁も、要するに、最初から明治期の近代化の重要なシンボルの一つとしての役割を担わされていたといわなければならない。

これは当時の錦絵をみてもよくわかることである。国家の最大の象徴として明治天皇が、やはり一九世紀末日本のビジュアル文化の中心的人物になりつつあったが、幼い頃の嘉仁も徐々にそのビジュアル文化に欠かせない存在となる。例えば、天皇と皇后の閑暇の時間を描いた絵に嘉仁もよく登場しており、注目の的になった絵も一八八〇年代後半頃から多く見られる。一八八七年の「皇国高臣鑑」では嘉仁は中心的な位置を占め、後ろに天皇と皇后、まわりは内閣重臣の偉い者ばかりという豪華な雰囲気である（丹波『錦絵にみる明治天皇と明治時代』、五二頁）。

絵画に見る嘉仁

面白いことに、幼い頃の嘉仁はビジュアル文化における限り、父睦仁に代わるような気配も見える。皇后と女官だけの場合を描いた絵に皇太子も現れることがあり、その時には男子一人として、絵の中心的位置を占めている。そして、この皇子、皇后や女官だけの絵においては西洋化の気配が特に濃いこともまた注意すべきことである。例えば、女官のミシンによる洋裁の練習を皇后と皇太子が見守っている「女官洋服裁縫之図」（丹波『錦絵にみる明治天皇と明治時代』、七二頁）とか、皇后と皇太子が女官たちのオルガンにあわせた唱歌の練習を聞いている「梅園唱歌図」（小西四郎『錦絵、幕末明治の歴史』、第九巻、一〇〇頁）などがある。後に第二章で見るように、皇太子になってからの嘉仁は西洋的＝ヨーロッパ的スタイルを特に志向するようになるが、この錦絵でみるかぎりその傾向はすでに幼い頃から出ているのである。

皇国高官鑑（石斉国直画，1887年）

女官洋服裁縫之図（楊洲周延画，1887年）

2　近代教育制度で学んだ最初の天皇

明治天皇が日本の近代化における最高の象徴になったにもかかわらず、睦仁が生まれた時はまだ古い時代の渦中にあった上、育てられた環境もまた昔のままであった。嘉仁も皇室長年の伝統に従って、生まれて間もないうちに明治天皇の生母である権典侍《ごんてんじ》中山慶子《なかやまよしこ》の父の中山忠能《なかやまただやす》邸に預けられ、「里子」として育てられた。こうして、生母から離されて成長した嘉仁は、しかし、ある意味では非常に近代的な青春時代を送ったといえる。それは教育の面においてである。

近代国家の皇子の教育

嘉仁の育ちが語られる場合、やはり、教育的に多難であったことが一般的に強調される。例えば、満六歳となった一八八五年、「通常ならばすでに小学校に入学しているはず」なのに、健康の都合で、八歳まで個人教育を受け（原『大正天皇』、三三頁）、教育課程のはじめから意のままの振る舞いや、側近達へのいたずらが目立ち（古川『大正天皇』、一六頁）、学校にやっと通い始めた一八八七年に、健康がまた悪化し、思うように進級できず、結局一五歳で退学し（原『大正天皇』、三七頁）、そして、学校では、特に抽象的な思考能力の発達に「大きな遅れ」が生じていた、などという「問題」である（安田『天皇の政治史』、一五六頁）。このような見方では大正時代が誘発する「危機」が現実味を帯びて見えてくるのもいたし方ないようである。

しかし、二〇世紀の教育事情や一五年戦争の歴史の観点から、嘉仁の少年時代を分析してはならない。一八八五年の段階では近代日本の教育制度はまだ成立したばかりで、順調にいっていたわけではない。特に皇太子の教育に関しては、皇子が官立学校に通学するのは史上初めてのことで、色々な論議を巻き起こしたのは当然である。嘉仁の入学が多少遅れたのは必ずしも「病気がちであったため」(原『大正天皇』、三三頁)ではなく、この大きな変化をめぐって、宮中内に活発な論議がなされていたからである(津田茂麿『明治聖上と臣高行』、七六三〜七八六頁)。実際、個人教育は普通より早い四歳の時に始まり、その理由は嘉仁の「御智恵」が「敏く」、「六、七歳のものに優り」、「頻りに物よまん」とすると発表されている(「皇子明宮御学問」『郵便報知新聞』、一八八四年四月一〇日)。

通学を始めてからまた病気になり(百日咳)、進級が遅れ、読書や算術の理解力が期待されるほど進歩しなかったのは確かである。だが、初めての通学が健康に悪影響を及ぼすのはけっして珍しいことではなく、一三歳の段階でまだ抽象的な思考能力が発達していないのは必ずしも根本的な無能力を裏付けるものではない。側近達へのいたずらも年齢的にありがちな振る舞いであると思われる。実際、学校の成績、読書、および馬術において嘉仁は「著しく御進歩」を見せた(「徳大寺実則日記」、一八九二年七月二七日、原『大正天皇』、四〇頁引用)。

いや、嘉仁の教育生活において一番歴史的に意義のある点は皇太子の病気や発育の遅れではなく、彼が近代日本の新しい教育制度に育てられた最初の天皇であることである。四歳からは確かに、皇室の伝統に従い、侍講による個人教育が行われ、その内容も古くからの伝統に則っていた。つまり、習字、修身や孝道が教え込まれ、明治天皇が厚く信任した儒教学者、元田永孚《もとだながざね》が出版した道徳の教科書も重視された（古川『大正天皇』、一〇頁）。しかし、一八八五年の担当者の交代とともに教育内容が大きく変わった。

皇室に仕えた初めての平民

嘉仁がちょうど赤坂の御新殿に移った直後、湯本武比古《ゆもとたけひこ》が御教育係の名において、皇太子の教育の全責任を負うようになった。湯本は皇室に仕えた初めての平民、そして新国家の官僚組織出身の最初の侍講であり、嘉仁の青春時代を決定的に近代化に結びつけた一人である。一八五七年、現在の長野市に生まれた湯本は、東京師範学校中学師範科を卒業した後、近代国家の教育の柱、文部省に勤めた。この立場から、新しい国語教科書の編纂も含め、教育の近代化に熱心に取り組んだのである。

嘉仁に関しては、湯本は近代国家の君主にふさわしい教育をすべく、明治天皇も含め、歴代皇子が経験したことのないような教育方法や内容を導入した（湯本武比古『湯本武比古選集』）。例えば、皇子の普段着を洋服にしたり、御殿内の庭園を散歩して植物や動物に関する質問をしたり、官立幼稚園を参観させ、授業における態度を学ばせたり、父宮の明治天皇の干渉を拒絶したりもした。教育の内容は、読書や習字のほかに算術、陸海軍の施設や学校、工場の見学、そして当時のヨーロッパ各国の王室における流行語、フランス語も取り入れていた。

このように皇室長年の伝統の個人教育の内容が、嘉仁の場合、大きく改革されただけでなく、一八八五年までには近代国家の教育施設に完全に取って代わられるようになる。嘉仁が八歳になると、皇

学習院正門

太子として史上初めて、官立学校で一般生徒とともに授業を受けることになった。学校に通わせる主な理由を、「目立ったわがままを押さえるため」と論ずる歴史家もいるが、湯本が個人教育をなるべく近代国家の君主にふさわしい方法に改革したのと同じように、皇太子の史上初めての官立学校通学も近代的君主に欠かせない訓練のように考えられたのである。

　嘉仁の近代的教育の中心的な施設になったのは学習院であった。これは元々公家の私塾として、一八四七年に京都御所内に設けられたが、一八六八年には皇族や華族を対象に、近代日本最初の教育施設として復興され、一八八四年に宮内省所轄の官立学校になった（学習院編『学習院の百年』）。嘉仁は予備科第五学級に編入してから、一二人の同級生とともに、六科目を受講し（修身、読書、作文、実物、習字、体育）、一般の学校と同じ国定教科書を使い、毎月、試験も受けた。一八九三年には初等学科を卒業して、中等学科に進学し、そこでの教科もまた、新国家の教育基準にそって、国漢学、フランス語、歴史地理、理学数学、芸術の五科目が課せられた。

　嘉仁は確かに、健康上の都合で、予備学科では一年留年し、中等学科の一年を修了した後、退学を余儀なくされた。そして、個人教育に戻ったのは「衛生上御健全」をはかるのを一番の目的として伊《い》藤博文《とうひろぶみ》に挙げられている（伊藤博文「東宮之事」、一八九八年二月九日、春畝公追頌会編『伊藤博文伝』下巻、三四五〜三四七頁）。しかし、初等学科の成績は、数学を除けば、比較的良く（「東宮殿下御修学の結果報告」「三浦梧楼関係文書」古川『大正天皇』、二〇頁引用）、皇子の教育を考えるにあたって、健康を重視するのは全く珍しいことではない。例えば、大正天皇の三人の息子の就学時に学習院長となった乃木希典《のぎまれすけ》大将は、その三皇孫の教育の一番の目的として、「御健康を第一と心得べきこと」を挙げている（高松宮宣仁親王伝記刊行委員会編『高松宮宣仁親王』、八六頁）。その後の、個人教育においては、近代君主に見合った教育内容が続けられた。例えば、国学、漢学、習字、フランス語、軍事学等である。このうち、フランス語の読み書きに目立った進歩が見え、日本歴史にも深い興味をもつようになった（古川『大正天皇』、三六〜三八頁）。

嘉仁は近代教育理念に育てられた最初の皇太子として、父宮の睦仁よりも、新しい時代の日本の象徴として広く知られていた。外国においてもそうである。一九一二年九月一日の『ニューヨーク・タイムズ』（*New York Times*、米）によると「睦仁の死により閉幕したばかりの明治期に於いては天皇が古い日本を表す規律のかなめであった。……新しい天皇（嘉仁）は全く本質の異なる西洋の教育に育てられ、外国語も身につけられ、他の子弟と学校に通った……」（"Japanese Search for Moral Uplift," *New York Times*, 1912. 9. 1）。天皇になってからは教育を大きな関心事とし、近代日本教育の発展に力を注いだ人物としても知られるようになった。

一八八九年、嘉仁は一〇歳になった頃、皇太子となった。これは皇子の一生の中で大きな分水界の一つだと認めながらも、歴史家はやはり、一般的に多難多事の嘉仁の一〇代を強調する。古川隆久によれば、この時期は健康の問題に基づく「嘉仁皇太子の指導体制をめぐる動揺」が激しく（古川『大正天皇』、四五頁）、原武史も「健康な状態は長続きしなかった」と指摘している（原『大正天皇』、三九頁）。

嘉仁の立太子礼

しかし、同時代人にとって、嘉仁の立太子礼はより大きな意義があったはずである。その教育が近代国家の皇子を養育するためのものであったとすれば、立太子礼も、根本的に、近代国家の皇太子を立てるための儀式であった。実際、一一月三日に行われた行事は、「古式に則らせ給ひ、いと荘厳に」と報道されながらも、初めて新しい国家の重要儀式として進められた（「立太子式を挙げさせ給ふ」『官報』、一八八九年一一月三日）。

睦仁の場合、まさに「古式」の立太子礼が行われた。それは、京都の宮中において、非公開の儀式としてすべての行事が済まされ、事後に公表されたものであった（宮内庁『明治天皇記』、第一巻、二二三〜二二八頁）。これとは対照的に、一八八九年の儀式は近代国家の施設を動員して、全国民の目の前で挙行された。明治天皇はその朝、まず土方久元《ひじかたひさもと》宮内大臣に立皇太子の勅書を渡し、同時に徳大寺実則侍従長を赤坂離宮内の花御殿に遣わせ、嘉仁にその勅諚の趣意を聞かせてから、宮城に迎えた。宮城内では閣議や宮内関係の指導者に囲まれながら、明治天皇より大勲位菊花大綬章が贈られ、壺切《つぼきり》の剣も渡された（「立太子の御式」『東京日日新聞』、一八八九年一一月五日）。

この行事は一八七三年から国家の祝日として記念されてきた天長節の日（一一月三日）に挙行され、全国各地で、大きな注目をあびた。東京の大学、中学校や小学校においては、祝詞の朗読、音楽唱歌、運動会等が催され、また、三千人の生徒は宮城の正門前で帽子やハンカチーフを振りながら「皇太子万歳」を唱えた（「本日の盛式祝賀の景況」『東京朝日新聞』、一八八九年一一月三日、「家族女学校の祝賀」『東京朝日新聞』、一八八九年一一月五日、「立太子の御式」『東京日日新聞』、一八八九年一一月五日）。横浜では、新しく製造された軍艦「高雄」も含め、各国軍艦九隻が国旗を挙げて二一発の祝砲を放ち、都心では横浜商業学校の生徒が思い思いの扮装で列を作り、旗を押し立てて、市中巡回し、「陛下万歳東宮万歳」と連呼した（「横浜の天長節」『東京朝日新聞』、一八八九年一一月五日）。立太子礼は国の動向の広報や公告を使命として一八八三年に創刊された『官報』の号外で直ちに発表され、民間新聞の号外においても、緊急重大ニュースとして扱われた（「立太子式を挙げさせ給ふ」『官報』、一八八九年一一月三日、「雑報」『東京朝日新聞』、一八八九年一一月三日、「立太子の御式」『東京日日新聞』、一八八九年一一月五日）。

これらの報道では、嘉仁と近代国家の関連が明確にされている。『東京朝日新聞』は立太子礼を一月の宮城移転や二月の帝国憲法の発布と同列に扱い、一八八九年の「特に至幸なる」ことを強調し、「帝国憲法並に皇室典範を定め給ひて国家の丕基を強固にせられ」たと声明した。立太子礼は「海内無事にしてまた外交の特に迫るものなき和気雍々たる」時機に行われたのは「文明は日に新たに国光は月に進」んでいることを表していると述べた（「一一月三日の祝辞」〔社説〕『東京朝日新聞』、一八八九年一一月三日）。『官報』は「（明治二〇年を以て）学習院にご通学遊ばさる、以来一般の生徒と同じく毎日

立皇太子御式壺切丸御伝進之図（楊斎延一画，1889年）

御通学あらせられ、今日に至るまで専らに怠り玉ふ事なし」と嘉仁がいかにも近代的教育を受けているということを強調している（「立太子式を挙げさせ給ふ」『官報』、一八八九年一一月三日）。そして、『東京日日新聞』は三千人の生徒が宮城前で「皇太子万歳」を唱えた時、「殿下にも御気色麗はしく御手つから帽を振りて御挨拶遊ばしたり」と皇太子と若い国民の間の調和的関係を描いている（「立太子の御式」『東京日日新聞』、一八八九年一一月五日）。

　立太子礼を境にして刊行された錦絵にも嘉仁と近代国家の関連がより密接になっている様子がみてとれる。儀式そのものを想像した「立皇太子御式壺切丸御伝進之図」はまた閣議や宮内関係の重臣に囲まれ、明治天皇から壺切の剣を渡される皇太子を中央に位置づけて、立皇太子の勅語と天皇の権威溢れる言葉も入っており、「壺切の剣は歴朝皇太子に伝へ以て朕が躬に迨べり今之を汝に伝ふ汝其れ之を體せよ」とある（楊斎延一画「立皇太子御式壺切丸御伝進之図」一八八九年、小西『錦絵、幕末明治の歴史』、第一〇巻、五八頁）。以後、国家の重要儀式を描く錦絵には、皇太子の若くて元気な姿が天皇と皇后と並んでよく描かれている。例えば、第三回内国勧業博覧会（一八九〇年）、第一回帝国議会の開院式（一八九〇年）、天皇、皇后の銀婚式（一八九四年）や奠都三〇年祭（一八九八年）を祝賀する錦絵である。

奠都三十年祭祝賀奉迎之図
（梅堂香斎画，1898年）

天皇と軍隊

立太子礼と同時に嘉仁はもう一つ大きな分水界を迎えた。同じ一八八九年一一月三日に陸軍歩兵少尉に任官され、近衛歩兵第一連隊付となったのである。日本近代史の通説において、軍はあまり好まれない位置にあるが、天皇と軍の関係を語る場合、少々偏った話になることが多い。明治天皇や昭和天皇に関しては、明治憲法第一一条の統帥権が言及され、軍事的独裁がよく強調されるが（Herbert P. Bix, *Hirohito and the Making of Modern Japan* を参照）、大正天皇は、やはり、天皇の健康や精神状態にまつわる議論が多くなされる。嘉仁の一〇歳頃からの養育体制には「急速に軍事色が強くなる」といわれる一方、それも明治天皇が心身の弱い皇太子に「質実剛健で強い精神力」を与えるための訓練であったと古川隆久は主張している（古川『大正天皇』、三二頁）。

しかし、嘉仁の軍事的地位はより大きな歴史的文脈の中から生まれたものである。官立学校で近代的教育を受けるのが一九世紀国家の君主に欠かせないことであるとすれば、軍事的地位もまた、近代化の大きなシンボルの一つであった。これはヨーロッパの君主政体の長年の伝統であり、立憲君主制が主流となった一九世紀においては、大元帥としての君主という概念も同時に制度化されたわけである。

日本では、若い睦仁は、既に一八六八年に天皇として初めて陸海軍の演習を各地を周って見学している（伊藤『明治天皇』、六二頁）。そして一八七三年、嘉仁の立太子礼の一五年以上前にも、大政官達が男子皇族は軍人となるということを決めていた。嘉仁が陸軍歩兵少尉（一八八九年）から、陸軍歩兵大尉（一八九五年）、そして陸軍歩兵少佐／海軍少佐（一八九八年）へと、軍事的地位を徐々に昇っていくことは普通に期待されていた通りで、明治日本の近代化を証明するもう一つの実証でもあった。

立太子礼とともにこの陸軍歩兵少尉の任官も広く報道され、一一月三日の儀式の重要な一部分を占めた。当日、嘉仁は立太子の宣下を受けてから、陸軍歩兵少尉の制服に着替え、近衛士官の白鳥毛の前立てが付いている緋羅紗の帽子もかぶった。続いて、宮城内で大勲位菊花大綬章を受けてから、近衛歩兵第一連隊附の勅語を受け、これに伴う壺切の剣をも下賜された（「皇太子殿下、少尉に御任官」『東京日日新聞』、一八八九年一一月五日、「立太子の御式」『東京日日新聞』、一八八九年一一月五日）。一一月四日には近衛歩兵第一連隊を訪れ、入隊の儀式を挙げてから、花御殿で連隊の司令や将校達とともに祝宴を催した。なお、同じ一一月四日に学習院の教職員や生徒等が花御殿を訪れており、嘉仁の近代的教育と軍事訓練の様子が同時に強調されたのである（宮内庁『明治天皇記』、第七巻、四〇八頁）。

嘉仁が二四年の長い皇太子時代において、健康上の都合で、国事行為をほとんど果たさない自由な環境に置かれたと指摘する人もいるが（『高松宮宣仁親王』、一八二頁）、軍隊の統制に関しては最初から重要な役割を果たしていたように思われる。日本の最初の近代的戦争である、日清戦争（一八九四〜九五年）は一九世紀日本の近代化を大きく進めたと言われ（Stewart Lone, *Japan's First Modern War*）、特に明治天皇を国家の中心的存在に固定したことでよく知られている（Gluck, *Japan's Modern Myths*）。だが、近代国家の大元帥としての天皇の肖像がこの戦争によって広く普及されたとすれば、皇太子もこの皇室のイメージアップに重要な役割を果たしている。戦争の勃発とともに、天皇や大本営、そして議会までも、日本軍の出向先広島へ移っているのは有名な話であるが、皇太子も国家に対するこの新しい熱狂ぶりに貢献している。

陸軍中尉の嘉仁

『東京日日新聞』によると、嘉仁の広島への出発は大きな祝事となった。中山孝麿《なかやまたかまろ》東宮侍従長や黒川通軌《くろかわみちのり》東宮大夫に同行され、皇太子は一八九四年一一月一五

凱旋還幸新橋通御（幽斎年章画，1895年）

日の早朝にもかかわらず（列車は六時二〇分出発の予定であった）、多くの人々に見送られた。ホームまで出たのは陸軍大将小松宮彰仁親王《こまつのみやあきひとしんのう》、伏見宮博恭《ひろやす》親王、児玉源太郎《こだまげんたろう》陸軍次官、枢密院顧問数人、そして、宮内省陸軍省の文武官五〇余人も含まれていた。新橋駅付近は朝早くから庶民の群れに囲まれ、嘉仁へ向けての万歳が唱えられ、一時は大混雑となった。皇太子自身は「御機嫌殊に麗しく」出発したと報道された（「東宮広島県へ行啓」『東京日日新聞』、一八九四年一一月一六日）。一ヶ月半後、嘉仁は陸軍歩兵大尉に昇任された（「東宮大尉に御陞任」『東京日日新聞』、一八九五年一月六日）。

錦絵においては、皇太子は皇后とともに天皇の広島からの帰還を新橋駅で待ち受けているところと宮中で祝っているところが荘厳に描かれている（幽斎年章画「凱旋還幸新橋通御」一八九五年、楊斎延一画「帝国万歳大元帥陛下御歓迎上皇城於御盃賜図」一八九五年、丹波『錦絵にみる明治天皇と明治時代』、一六八、一七〇頁）。「凱旋還幸新橋通御」と題する絵では、天皇と同じようにいくつかの勲章が付けられている軍服を着て、いかにも天皇の腹心という風で、天皇と並んで絵の中央を占めている姿が見える（幽斎年章画「凱旋還幸新橋通御」一八九五年）。ちなみに幼い頃から錦絵に出てくる嘉仁はほとんど軍服着用で、皇太子となって以後は天皇と同様、軍服横に剣がぶら下がっている姿が多く見られる。

日清戦争が天皇を近代国家の中心的存在に位置づける契機であったとしたら、日露戦争（一九〇四〜〇五年）によって、その存在はより一層大きくなったといわれている。だが、あまり主張されないのは、皇太子の国家的役割もこの画期的な戦争によってまた大きく押し上げられたということである。戦争以前にも皇太子自身が「満州に出征せんとする意」を表しているが（宮内庁『明治天皇記』第一〇巻、七七六頁）、同じ一九〇四年の一一月に青山練兵場で行われた天長節観兵式に、天皇とともに初めて参列している（原『大正天皇』、一〇四頁）。そして、戦争勃発とともに大本営会議の恒常的な参加者にもなっている。大本営が開かれる度に皇太子の出席も必ず発表されるようになるのである（「聖上親臨、大本営会議、東宮も御参列」『東京朝日新聞』、一九〇四年一〇月一六日、「聖上親臨大本営会議開かる」『東京朝日新聞』、一九〇五年六月一五日）。また、日清戦争の時にもあったように、日露戦争後も嘉仁は昇任され、陸軍歩兵少佐、海軍少佐から陸軍少将、海軍少将までのぼりつめていくのである。

近代化の中の睦仁と嘉仁

以上見てきたように、大正天皇はけっして「病弱」な皇子として同時代人に知られていたわけではない。いや、健康に固執することは一五年戦争からさかのぼって嘉仁の一生をいわば書き換えようとするようなことであり、大正天皇の真の歴史的意義を必ずしも把握できる方法ではない。より有意義な解明は歴史的文脈から分析することである。

この第一章は嘉仁の幼い頃の歴史的文脈を明らかにしようとした。この頃の嘉仁は一九世紀の近代国家日本を形づくるのに重要な役割を果たした。嘉仁が生まれた環境は、睦仁の時と対照的で、外国勢力を恐れた時期ではなく、歓迎した時期であった。嘉仁の誕生は睦仁の場合の「危機」の意識とはほど遠く、「機会」への希望と関連づけられていた。

その最も大きな「機会」とは、西洋列強並みの近代化である。幼い嘉仁の成長は睦仁のそれと正反対で、近代国家の発展と並行して進んだ。睦仁が長年の伝統に従い、宮城内の個人教育を受けたのに対して、嘉仁は皇太子として、日本史上初めて一般生徒とともに通学した。睦仁の立太子礼は京都の宮城内で、民間人のほとんど知らないうちに行われたが、嘉仁の場合、閣議や宮内省の指導者に囲まれ、日本全国の儀式として、挙行された。睦仁は一八六八年に一六歳になるまでは、皇室の伝統に沿い、武の世界とはほとんど関係なかったが、嘉仁はヨーロッパ諸国の伝統を近代の基準として、八歳の頃から陸軍将校としての教育を受けた。

幼い頃の嘉仁は、要するに、一九世紀の世界的基準となってきた近代国家や近代君主制の象徴であった。これは天皇となった父と同じことである。しかし、忘れてはならないのは、父睦仁の場合は天皇になってからの話である。幼い頃の睦仁はやはり、歴史的文脈として幕末期を象徴し、生まれた時から近代国家の象徴として育てられた嘉仁とは対照的である。睦仁は天皇になってから、近代国家の最高のシンボルになるが、あくまで一九世紀の近代である。次章で見ていくように、二〇世紀に入ってからの嘉仁は、睦仁と対照的に、二〇世紀の国家と君主制を支えていく大きな存在となっていくのである。

第二章　日本の西洋化とともに

「殿下文武の御修養、欧州帝室の皇太子等に比べても、少しも異らせ玉ふことなく……我が皇室の御誉れ、帝国の光、是に上越すことやはある、芽出度ともめでたし」

（『中央新聞』、一八九八年一月一日）

1　全国民の前での婚礼

皇室における二〇世紀の象徴

右の引用はスペイン公使の来日の際、花御殿の陪食で嘉仁が公使と長時間フランス語を話し、公使や、他列国の使臣を感激させたと伝える報道である（「東宮の御英明」『中央新聞』、一八九八年一月一日）。一八歳の皇太子のフランス語は実際どれほど達者で、使臣はどれほど感激したのかは不明であるが、当時の嘉仁の手紙を見るとそのフランス語能力は中程度に見受けられる。しかし、前にも指摘したように、重要なのは当時の嘉仁の公的イメージである。近代国

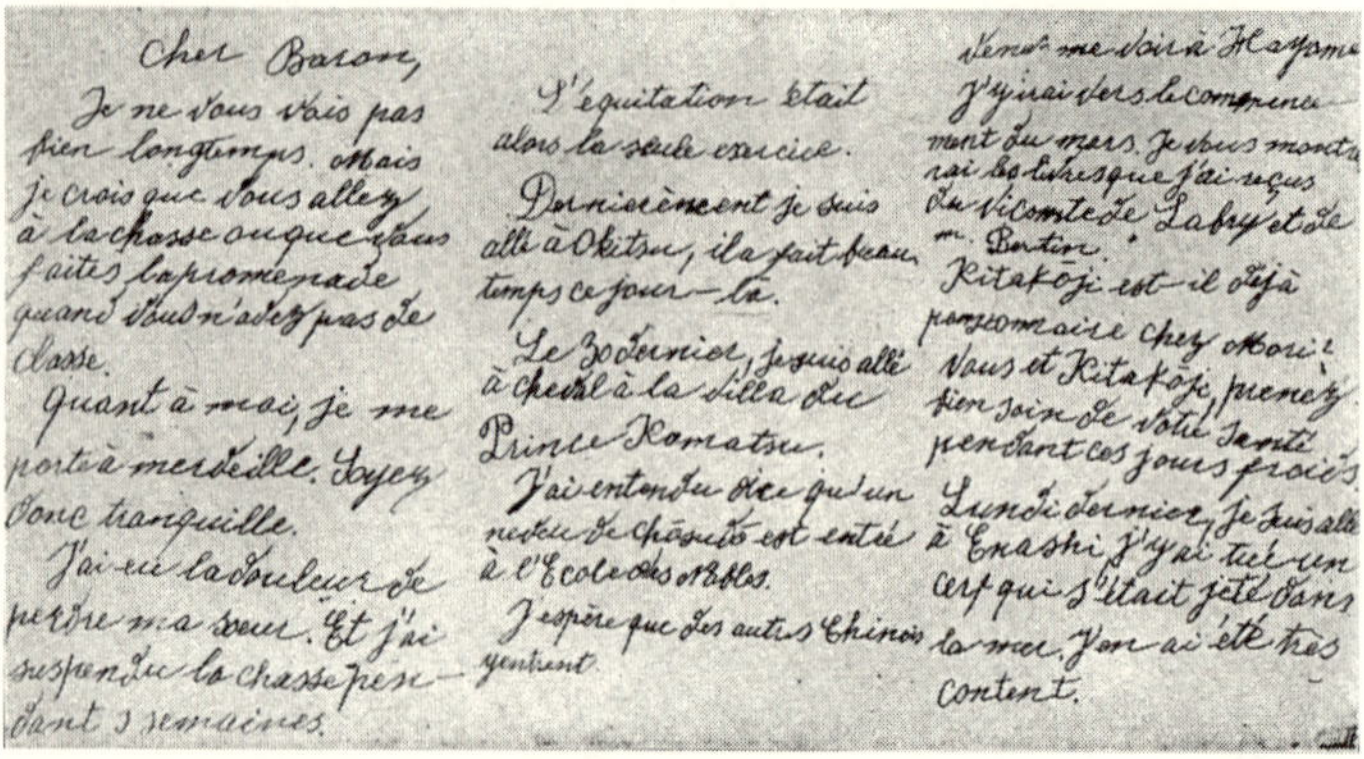

Cher Baron,
Je ne vous vois pas bien longtemps. Mais je crois que vous allez à la chasse ou que vous faites la promenade quand vous n'avez pas de classe.
Quant à moi, je me porte à merveille. Soyez donc tranquille.
J'ai eu la douleur de perdre ma soeur. Et j'ai suspendu la chasse pendant 3 semaines.
L'équitation était alors le seul exercice.
Dernièrement je suis allé à Okitsu, il a fait beau temps ce jour-là.
Le 30 dernier, je suis allé à cheval à la villa du Prince Komatsu.
J'ai entendu dire qu'un neveu de Chōsuto est entré à l'Ecole des Nobles.
J'espère que les autres Chinois y entrent.
Venu ce soir à Hayama j'y suis depuis le commencement du mois. Je vous montrerai les livres que j'ai reçus du Vicomte de Labry et de M. Berton.
Kitakoji est-il déjà pensionnaire chez Mori? Vous et Kitakoji prenez bien soin de votre santé pendant ces jours froids.
Lundi dernier je suis allé à Enashi j'y ai tué un cerf qui s'était jeté dans la mer, j'en ai été très content.

フランス語で書かれた嘉仁の手紙

家建設時代の最大のシンボルであるにもかかわらず、全く異なった時代に育てられた睦仁に関しては、同じようなことが報道されるとは考えにくいことである。嘉仁が日本史上初めての近代的皇太子であったとすれば、上の報道が予期したように、皇室において初めての二〇世紀の象徴でもあった。

二〇世紀の結婚式

二〇世紀を迎える日本は大きな期待をもって進もうとしていた。「明治三三年」と言い、西暦のカレンダーで見るほど大きな転換期として取り扱われなかったにもかかわらず、この年は実質上の分水界として見られた。一八九五年の日清戦争の勝利に次いで、一八九九年には、長年の国恥とされた不平等条約が放棄され、日本が国際法上、列強と肩を並べることになった。「我国もいよいよ進んで世界強国の班位に列したる」と『時事新報』は唱えた。「文明社会の士人たる恥ぢざるの体面を具へざる可らず」と（「明治三十三年を迎ふ」『時事新報』、一九〇〇年一月一日）。

連合軍北京城攻撃ス（吟光筆）

近代日本史の通説において、一九〇〇年はまさに「文明社会の士人」としての日本が改めて確認された年である。中国で民衆の排外運動、「義和団の乱」（北清事変）が勃発し、約八千人の日本兵が一万四千人の連合軍とともに秘密結社、義和団に包囲された北京列国公使団を解放した。この出動において、日本兵の功績が特に列強にたたえられたのは有名な話である（村上兵衛『守城の人——明治人柴五郎大将の生涯』）。しかし、連合軍が義和団と初めて衝突する一ヶ月前に「文明社会の士人」としての日本にとって、より大きなイベントがおこっている。皇太子の婚礼である。

嘉仁の結婚式は色々な意味で先例のない行事であった。立太子礼が睦仁のそれと対照的だったのは第一章で見てきた通りである。一方は京都の宮城において、限られた集会の中に行われ、他方は近代国家の施設を動員して、全国民の目前で挙行されたものであった。婚礼に関しても同じことが言えよう。つまり、明治天皇は、京都の宮城において、皇族関係者の間でのみ結婚式が執り行われたが（宮内庁

『明治天皇記』、第一巻、九四〇～九四四頁)、嘉仁は全国民を前に、初めての皇室の大典として婚礼を挙げた。一九〇〇年は神前挙式という新しい方式の導入としてもよく知られている。

しかし、嘉仁の婚礼のより重要な側面は、明治日本の功績を輝かしく照らすための巨大祝典であったことである。一八八九年の立太子礼の場合には、憲法を含む近代国家の根本的体制の導入が同時に祝われたが、一一年後の日本はまた一段と「文明社会の士人」たる資格をもつようになった。婚礼特集の『風俗画報』は、冒頭に大日本帝国のこの功績を明白に告げている。「内は文徳を布き憲法を立てて億光を綏撫し外は武威を振ひ頑梗を懲毖し給ひ積年の轇轕を破りて条約を改正し国権を伸張し給ひたる……」(『風俗画報』、一九〇〇年六月一五日、一頁)。

これは、やはり、まず明治天皇、いわゆる「中興第一世の聖神」の「大業」と『風俗画報』は唱えているが、嘉仁もこの功績に大いに関わっていたのである。「皇太子殿下は乃ち是れ中興第二世の聖嗣に渡らせ給ふ聖嗣の今已に盛婚の儀を挙げさせらるるもの」であると明治天皇の功績の継続、展開がはっきり告示されている(『風俗画報』、一九〇〇年六月一五日、一頁)。皇太子の結婚式は、つまり、ようやく「中興」として知られてきた明治期にふさわしい儀式として挙げられたのである。明治天皇はこの六年前に結婚二五年記念の祝賀を挙げているが(Takashi Fujitani, *Splendid Monarchy*, pp. 111–116)、規模的には嘉仁の結婚式の方が大きく、意義深い。

ヨーロッパ風の挙式

さて、「中興」の明治日本の皇室にはどのような結婚式がふさわしかったのであろうか。一言でいえば「洋風」の式であろう。明治日本は西洋の色々な影響のもとに建設されたが、当時の重臣達が「西洋気触れ」であったからではない。一九世紀後半には、世界では西洋、特にヨーロッパが大勢を占めていて、「文明」の基準を決めていたからである。婚礼が賢所の大前で神前挙式として挙げられたというのはいかにも伝統的な手法に見える。しかし形式は伝統的なものであっても、あくまで一九世紀後半の産物である。一九世紀後半の歴史の文脈の中で理解しなければならない。

その歴史とは、第一章でもふれたように、ヨーロッパの君主制である。ヨーロッパにおける近代国家の君主制には儀式の執行が大きな役割を果たしている。特に一九世紀後半頃はヨーロッパ君主の儀式の花盛りであったともいえる（David Cannadine, "The Context, Performance and Meaning of Ritual," pp. 101-164)。これは絶対君主制から民主主義体制への推移の要素の一つであるが、日本の場合は、特に新しい国家協同意識を育成するために欠かせないことであった。そして、この新しい儀式はイギリス、ドイツ、ロシア等でも見られるように、国の伝統的要素が大きく使われている。

明治期において、伝統的形式をとった儀式として有名なのは憲法の発布や天皇の大喪儀がある。しかし、憲法の発布式に次いで、皇太子の結婚式は、象徴的にきわめて重要であった。婚約は一九〇〇年二月一一日に発表されたが、これは憲法が発布されたのと同じ日で、近代日本にとって最も神聖的な祭日、紀元節であった。そして結婚式自体は憲法発布式と同じように、まず皇居内賢所で始まり、束帯姿のまま進められた。

この賢所での儀式は、イギリス王室の順序を直接研究した上で導入したものらしい。T・フジタニ

貴顕結婚式之図（楊斎延一画，1900年）

によると、当時帝室制度調査局長に勤めていた伊藤博文が宮内省の藤波東宮御婚儀御用係出筆の「英国帝室諸例取調書」をもとに、この新しい儀式を発明している（Fujitani, Splendid Monarchy, pp. 117-118）。この儀式が盛儀そのもの、そして皇室や国の厳めしさを強調するために行われたのは明白である。「賢所の大前において、ご婚儀を行はせ給ふ御事は、国初以来こたびを以て初めて」といい、「両殿下の御装束は御一代に再び召させ給ふまじき御召し物に渡らせ給へば、御儀式のいと厳粛に最も典雅なること想ひ奉るにあまりあり」と『風俗画報』は強調している（『風俗画報』、一九〇〇年六月一五日、九頁）。結婚式一ヶ月前に版行されたた「貴顕結婚式之図」においてもこの厳粛な雰囲気がつたえられ、鶴の屛風に、いきいきとした松の木をバックに皇太子が初めて王座に座っている姿、いかにも天皇らしいたたずまいが描かれている（楊斎延一画「貴顕結婚式之図」、小西『錦絵、幕末明治の歴史』、第一二巻、三二頁)。

しかし、結婚式の厳めしさは伝統的形式にとどまることはなかった。憲法発布式と同じように、より明確なヨーロッパ的形式をも取り入れている。一八八九年の場合、天皇が装束を身につけたまま賢所で皇祖皇宗の神霊に対し告文を奏してから、洋装の軍服に着替え、玉座のある式場で、憲法を臣民の代表黒田清隆《くろだきよたか》首相に授けた。一九〇〇年においても、皇太子が束帯、皇太子妃が十二単衣を着用したまま賢所大前で玉串を捧げた後、洋服に着替え、公の儀式に進んでいる(「東宮御婚儀」『国民新聞』、一九〇〇年五月一一日)。

陸軍少佐の正装を着た嘉仁皇太子と、ドイツ式正装マンド・ド・クールを身につけた節子《さだこ》皇太子妃が明治天皇や皇后と対面式を行った後、今度はパレードの時間となった。婚約者は午前一一時頃から四頭立ての馬車に乗り、宮城から桜田門—三宅坂—麹町四谷—紀伊国坂—堀端—田町通りや青山通りを騎兵や皇室関係者に同行され、一時間半ほど巡行した。東宮御所を零時半頃に着いた皇太子と皇太子妃は、皇室関係者と正餐をとった後、午後はより大きな世界の賓客を迎える時となった(『風俗画報』、一九〇〇年六月一五日、九〜一〇頁)。

三時三〇分頃に皇太子は正装に立太子礼の際に授与された大勲位菊花大綬章や婚礼とともに受けた大勲位菊花章頸飾を付け、皇太子妃はフランス式正装ローブ・デコルテーに新しく授与された勲一等寶冠章を佩びて、再び宮殿へ向かった。宮殿内の鳳凰の間で皇族、顕官や各国公使と公使館員、同夫妻の祝賀を受けた後、最後は豪華な饗宴——各国公使等を含む二二〇〇人程の饗宴者と会食しながら、宮内省楽部と近衛師団の軍楽隊の演奏を楽しんだ（『風俗画報』、一九〇〇年六月一五日、一〇〜一一頁）。

以上は、一〇年ほど以前の憲法発布式と似たところが多いが、これにはやはり二〇世紀初の大典としての注目点がいくつかある。例えば、憲法発布式の場合も各国公使が参加しているが、単なる参観者としてである。結婚式の時には、天皇と皇后、そして皇太子と皇太子妃も公使らと握手をする場面があった。そして、休所へ退出する際には、天皇が皇后の手、皇太子が皇太子妃の手をとりながら進んだ。殿内のいたるところに生花が飾られ、電灯も初めて付けられていた。そして、出席者にはボンボンの入った純金菊花の紋章付きの銀の小箱が記念品として渡された（『風俗画報』、一九〇〇年六月一五日、一〇〜一一頁）。

以上から見れば、皇太子の結婚式は世紀末世界王室における流行の最先端をゆくヨーロッパ風（特にフランス、イギリスやドイツから来たもの）を最も熱心に実施した近代儀式であったのは確かである。当時の日本ではまだ珍しかった洋装の女性ファッション、握手、手繋ぎ、電灯やボンボンが特に目を引いたのは、取材の新聞、雑誌の細かな紹介からよくわかる（深井晃子「パリ・モードの先駆者たち」、一四〜二五頁）。

帝国臣民のための祝典

しかし、二〇世紀初の大典として、より重要なのは、婚礼が「皇室の御儀式に止まらず……帝国臣民のため」の祝典になったことである（『風俗画報』、一九〇〇年六月一五日、一頁）。憲法発布式の全国的な盛り上がりはよく知られている。が、その熱狂ぶりが憲法に対する理解や期待から出たものではなく、単なるお祭り気分のようなものであったということもよくいわれている。一九〇〇年は逆に、期待に満ちた最初の大典とでもいえよう。その期待とは、たった数年のうちに、新しく築き上げられた近代日本が、不平等条約改正や日清戦争、そして今度は皇太子のきわめて文明的な結婚式を経て、やっと世界的基準に達したことに対する喜びであった。『国民新聞』によれば、「誠に現世の栄を集め」た祝典であった（「東宮御婚儀」『国民新聞』、一九〇〇年五月一一日）。

これが真正な喜びであったことは、婚礼が東京、そして地方においても熱心に祝われたことからよくわかる。東京では賢所での儀式が終わったところで、陸海軍によって祝いの皇礼砲が轟き、後に市の後援により、日比谷公園ほか三ヶ所に花火が打ち上げられた。皇居周辺や銀座等の繁華街に国旗や提灯、電飾と飾門が多く設けられ、皇太子の主治医ドイツ人のエルヴィン・フォン・ベルツ氏が「素晴らしい。どの店にも、何か祝意を表するものが飾られている」と喜んだほどであった。同じベルツ氏は二〇年以前に天皇の生誕祭に臣民がきわめて冷淡であったことを見て「情けない」と思ったことがあったからこそ、思わず大きな安堵の吐息が出たのであろう（トク・ベルツ編〔菅沼竜太郎訳〕『ベルツの日記』、上、一一四、二〇五頁〔一八八〇年一一月三日、一九〇〇年五月一〇日付〕）。

婚礼を見るために鉄道を使って、東京へ上京する人は一〇万人も超え、祝辞を送った人は一五万人以上もいた（古川『大正天皇』、六七頁）。三五〇〇万枚も発行された記念切手が貼ってあった郵便物も多く出回ったであろう（『風俗画報』、一九〇〇年六月一五日、二一五頁）。大勢の群衆はパレードの沿道に整然と並び、日の丸の小旗を打ち振って歓迎したが（前掲書、五一頁）、一八九〇年から日本に住み着いていたイギリス国籍の作家、ラフカディオ・ハーン（日本名、小泉八雲《こいずみやくも》）とその家族もこの中にいた（工藤美代子『国母の気品――貞明皇后の生涯』、八〜一三頁）。ある報道によれば、「その数幾十萬人なりけん、踏まるるあり、押さるるあり、泣くあり叫ぶあり、実に筆紙にも尽き人出なりき」という場面もあったようである（前掲書、五二頁）。

地方では東京ほどの祝祭はなかったが、前例のない皇太子の結婚式を後代まで記念に残すために、さまざまな企画が実行された。青森県では例えば、県内の小学校や公園に成婚記念植樹として桜や松が植えられ、今日花見で有名な弘前公園も皇太子の成婚記念に植えられたソメイヨシノが発端である

御婚儀祝典の記念切手

（高木博志『桜とナショナリズム』、一四八頁）。岡山県では、第三高等学校医学部において、五月一〇日当日の朝七時半から生徒一同が祝賀式を行った後、一五〇余人が高さ二・六メートルの記念石碑を音楽隊を先導に彫琢所から運び出した。「東宮殿下御婚儀記念」と書かれた石碑は学校玄関の右手に建立され、周辺に樹木も植え付けられ、未だに盛典の記念として残っている（『山陽新報』、一九〇〇年五月一二日）。

近代日本史の通説において、嘉仁の結婚式がほとんど言及されていないのは実情である。が、以上の現象から見ると、明治憲法発布や日清戦争なみの重要性は充分あるように考えられる。「全国大に祝意を表す」と、後に総理大臣となる原敬《はらたかし》が日記におさめているように、婚礼は近代日本国かなめ

の儀式として同時代人に受け止められていた（原圭一郎編『原敬日記』、第一巻、二九四頁〔一九〇〇年五月一〇日付〕）。そして、日本全国民にとって、大きな夢を与える祝典でもあった。評論家として名が広く知られるようになる生方敏郎はその夢を詩的に回想している（生方敏郎『明治大正見聞史』、一二〇頁）。

「二十世紀を迎えるとやはり何だか日本が文明に進み、自分たちも幾らか偉くなったような気がした……そういう、曙光を浴びるような希望に満たされつつ、二十世紀に一年二年と入って行った。千九百年、即ち明治三十三年に、今上皇帝陛下当時の東宮殿下の御成婚式が挙げられた。時は五月十日、日は麗らかに、風はそよそよと若葉の柳の枝を動かし、燕は愉快げに宙返りをして飛んでいた。」

2　西洋化の進む日本の中で

西洋的＝文明的

嘉仁の結婚式が二〇世紀に対する日本国民の大きな期待を叶えていたとしたら、以上見てきたように、その根本的要素の一つはその新しい西洋的＝文明的スタイルであった。近代日本史の通説では、日清戦争後は日本の社会が保守的、伝統的方向へと走った時代だとされている。しかしこの西洋的（特にヨーロッパ的）風習は一九世紀後半における「近代」の基準

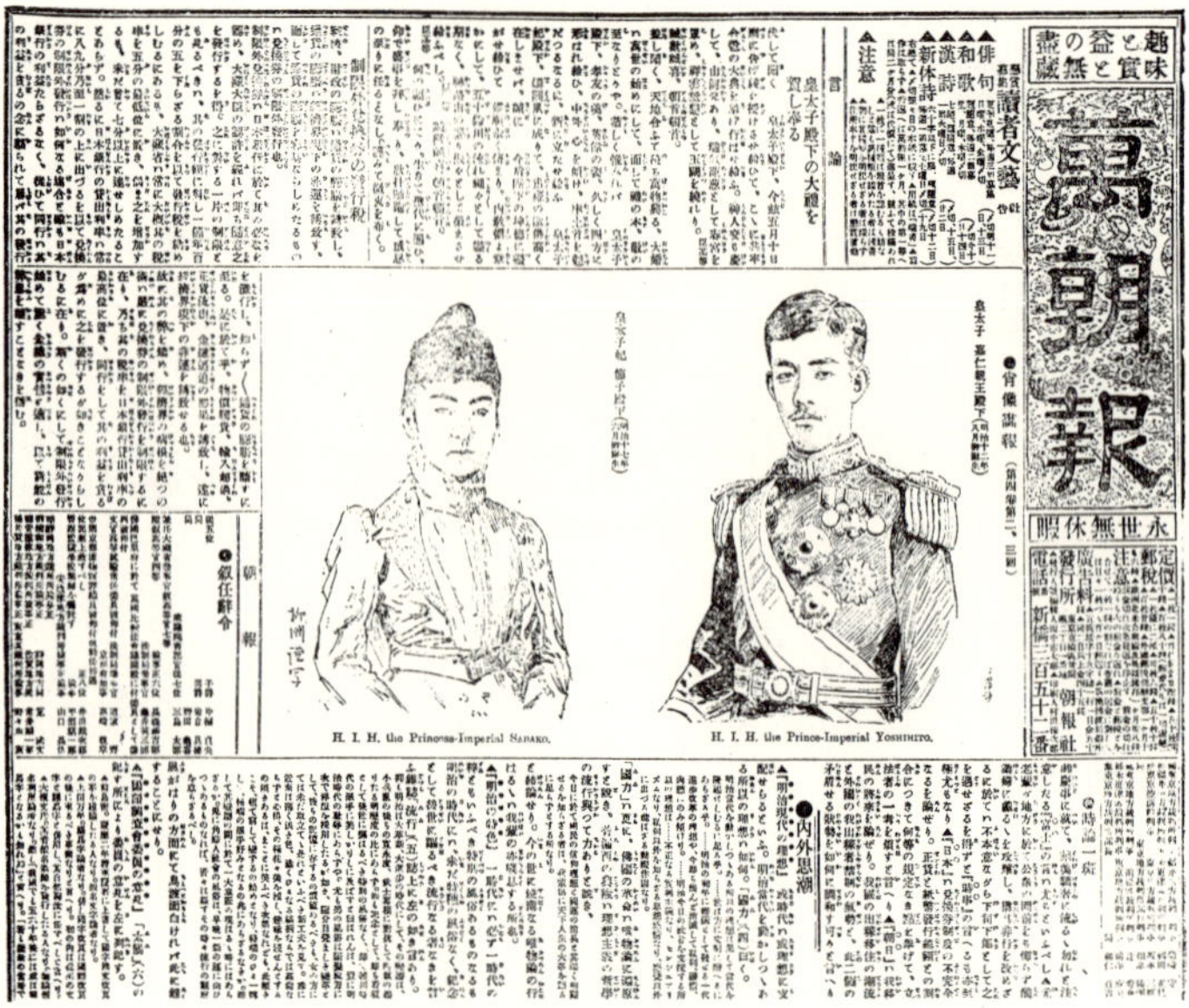
萬朝報

趣味と實益の無盡藏

永世無休暇

皇太子殿下の大禮を賀し奉る

内外思潮

叙任辭令

皇太子　嘉仁親王殿下

皇太子妃　節子殿下

H. I. H. the Princess-Imperial SADAKO.

H. I. H. the Prince-Imperial YOSHIHITO.

萬朝報（1900年5月10日）

になったのであるから、近代日本から消えるわけにはいかない。いや、嘉仁はそのヨーロッパ的風習の具象であったとも言える。

結婚式の全国的反響にもかかわらず、当日、皇太子その人に実際目をとめた人は少なかったであろうが、新聞、雑誌の広汎な取材により、皇太子や皇太子妃像のヨーロッパ風なイメージが確実に築き上げられ始めていた。これは発行部数の多い『萬朝報《よろずちょうほう》』において明らかであるが、当日の婚礼記念の記事に、独特なスケッチがついている。それは陸軍少佐姿の皇太子やマンド・ド・クールを着た皇太子妃の画像である。そして、この若い、スマートな夫婦を見事に捉えている画像の下に"H. I. M. the Prince-Imperial

Yoshihito", "H. I. M. the Princess Imperial Sadako" という英語が書かれているのである（原『大正天皇』、五四頁引用）。"H. I. M" とはイギリス皇帝の公式な呼びかけ "His Imperial Majesty"（皇帝陛下）の略にあたるが、嘉仁と節子がいかに世界的基準に達しているかということの意思表示であった。

このヨーロッパ的スタイルは皇太子、皇太子妃の洋装やイギリス的呼びかけにとどまらなかった。より大きな観点からみれば、近代国家日本の首都東京の外観にも大きな影響が及んでいることが言える。

東宮御所

今でこそ、鹿鳴館《ろくめいかん》の話は日清戦争後の保守的傾向の象徴としてよく指摘されている。鹿鳴館は賓客や外交官を接待するために東京の旧薩摩藩装束屋敷跡（現帝国ホテル隣の大和生命ビルの地）に建てられたイタリア風の公共建築物だったから、落成した一八八三年当時の急速な西洋化を反映しているのである。そして、この洋風建築の典型が一八九四年に民間に払い下げられたことは、逆に、西洋化の時代の終焉を告げたかのように広く解釈されている。

しかし、明治国家は鹿鳴館が払い下げられる一年前に、より大きな洋風建築物の建設に取りかかっている。そして、それは鹿鳴館を設計したイギリス出身の政府御用達の建築家ジョサイア・コンドルの日本人弟子の一人によって設計されたものである。明治政府は一八九三年に、東宮御所御造営委員会を設置し、近代の皇太子にふさわしい宮殿の計画を立て始めた。一九〇九年に完成する東宮御所（現在の赤坂離宮）は明治期の一番大きな建物というだけでなく、最も近代的なものになった（Dallas Finn, *Meiji Revisited*, p. 235）。

二〇世紀初期までの服装においては近代化が徐々に進んでいたが、皇居そのものに関しては伝統的な雰囲気がまだ根強く残っていた。東京奠都の際に、皇城となったのは新しい建造物ではなく、四〇〇年以上の歴史をもつ江戸城西の丸御殿であった。西の丸御殿が一八七三年に焼失した後、当初、コンドルによる石造りの洋風建築が計画されたが、財政の都合で京都御所を模した和風の木造建築になった。この「明治宮殿」といわれる新宮殿は表御殿と常の御殿の二つに分かれていて、表御殿は外国使臣の接待等、公事のためのもので、内装は純洋式の椅子やシャンデリアであった。しかし、主任技師は伝統的宮廷建築家の木子清敬《きこきよよし》であり、外観とともに常の御殿の方の内装は日本式であった。明治天皇は、京都中山邸で育てられた関係で、やはり日本式の質素な生活を好み、日常はほとんどこの常の御殿で過ごし、そこの伝統的雰囲気をなるべく保とうとした。例えば、電灯よりろうそくを使い、夏のしつらえとして日本式の団扇、風鈴や内苑からの時節の花や盆栽を配置した（「聖上後病室——純日本風と排承」『東京朝日新聞』、一九一二年七月二二日）。

明治天皇は崩御するまでこの和風の明治宮殿を住居としていた。しかし、近代日本の初めての皇太子にはより近代的な宮殿が必要であった。新任の主任技師、コンドルの弟子の片山東熊《かたやまとうくま》は一八九七年に建築家の安達諭吉《あだちゆきち》や高山幸次郎《たかやまこうじろう》とともにヨーロッパの名宮殿や記念建造物を一年弱かけて見て廻った。帰国後、宮内省に東宮御所御造営局を設置し、一七五人の技師を計画にあたらせたが、最終的な設計は一八世紀末フランスのネオバロック様式であった（Finn, *Meiji Revisited*, pp. 234-235）。

ネオバロック様式といっても、バロック、ルネサンス、ゴシック、色々な影響の入った設計であり、

赤坂離宮

特に明治初期についていわれる「急速な西洋化」をあらわに出しているように思われる。上にも指摘したように、これは「西洋化」というより、「文明化」、「近代化」の具象化というものであった。一九世紀末においては、正装や宮殿に関してもヨーロッパが世界的基準を設定し、日本は近代国家としてその基準に達そうとしていただけである。落成直前に、新東宮御所は「最新式に成る模範建築」として国民に紹介された（「新東宮御所――片山東熊博士談（一）」『日本新聞』、一九〇七年五月一七日）。

この壮麗な宮殿の設計にあたった主任技師片山東熊や他一七五人の日本建築家は、ヨーロッパの最先端様式を上回っているような誇りさえもっていた。外観はヨーロッパの石垣や石柱様式であったが、目の見えないところに二〇世紀のより新しい技術が利用されていた。国際舞台に段々大きく踊り出てきたアメリカからの最先端技術で二〇世紀建築の象徴、高層ビルに欠かせないもの――鉄鋼――が用いられていたのである。片山達はアメリカの鉄鋼王アンドリュー・カーネギーから四千トンあまりの鉄鋼を輸入し、新しい「鉄骨石」様式の宮殿を建てた。片山自身の説明によると、アメリカの鉄骨建築と違って、新東宮御所は鉄骨ではなく、石材を主成部とし、鉄はただ石材の短所を補うために使ったので、地震の多い日本においては「米国式の欠点」は心配なかった。「恐らく世界無比と云って差支へが無かろう」と豪語している（「新東宮御所――片山東熊博士談（二）」）。

残念ながら、五〇〇〇万円もかけて建てられた新東宮御所が落成したのは日露戦争後、財政的に苦しい時期であった。片山が参内して完成した宮殿の写真を明治天皇に見せた際に「贅沢だ」といわれたのは有名な話であるが（藤森照信『日本の近代建築』、第一巻、二五六～二五七頁）、嘉仁皇太子は結局この最先端の建築物に住むことはなかった。一九〇一年から天皇になるまでの一二年間、同じ敷地内の和風建築、旧紀州徳川藩の中屋敷、青山御所に居残った。

嘉仁が一度も住まなかったにしろ、新東宮御所は、設計時から近代国家国民の大きな期待を高め、その後もその期待に応え続けた。「概して洋式を用いさせらるべく」という最初の発表から（「赤阪花御殿跡に東宮御所御造営」『国民新聞』、一八九八年八月一九日）、建設中の興味深い発見（金銀の品物発掘等（「東宮御所建築工場から金銀の品物発掘」『時事新報』、一九〇〇年三月一五日）や建設にあたっている工学者への恩賜の話（「東宮御所造営と工学博士高峰譲吉」『時事新報』、一九〇二年五月一日）等、詳細なニュースが広く流れ、結婚式が煽った二〇世紀への期待をさらに促している。落成が近づいてくると、宮殿の壮麗さがまた細かく紹介されていた。例えば、「目を驚かす華美」（「東宮御所の大食堂」『萬朝報』、一九〇六年二月二二日）とか、「経費の点より云ふも、装飾を重んじたる点より云うも、最も傑出したるものにして、今や此が為め儼然帝都の一角は異彩を放たんとす」などの麗句が使われた（「新東宮御所

——片山東熊博士談（二）」）。

近代国家新首都の外観を変えたこの新東宮御所はやはり、国家そのものの位置にも大きな意義をもった。「若し夫れスエズ運河を過ぎて東に向かえば、少なくともクラシック建築としては是ほどのものは他に見ることは出来ないのである」との記述もある（「新東宮御所——片山東熊博士談（二）」『日本新聞』、一九〇七年五月一八日）。皇太子を囲む壮麗さは、つまり、アジアにおける日本の特有の位置を具現していたのである。二時間程のツアーを終え、「庭前に出でて、再び高甍仰ぎつる記者は、心に深く此光栄ありし日の恵みをぞ謝したりける」と『中外商業新報』は伝えている（「東宮御所拝観記」『中外商業新報』、一九〇八年二月八日）。ヨーロッパにおいても新宮殿の華麗さに感動する人は少なくなく、*Illustrated London Times* は、これに比べて「我が薄暗いバッキンガム宮殿」とまで指摘している（*Illustrated London Times*, 1912. 9. 7）。

不況の影響で、東宮御所のための落成式は行われなかったが、嘉仁が天皇になってからは「赤坂離宮」と改称され、臣民のために拝観が許された。例えば、一九一三年一一月一二日には、奏任文官、武官、夫人らが朝九時から午後三時までフロックコート、軍服や紋付着物姿で訪れ、「聖恩の有難きを感謝」した（「離宮菊花拝観」『読売新聞』、一九一三年一一月一三日）。大正時代に入っても元々東宮御所として建てられた新宮殿は、こうして嘉仁の「離宮」として、新天皇の近代的ヨーロッパ風を象徴し続けたのである。

しかし、新宮殿だけで嘉仁のヨーロッパ的イメージが支えられたのではない。宮殿が完成する一年前に、明治期におけるもう一つ重要な洋風建築が落成した。そして、これも皇太子のために建てられたものであった。「表慶館《ひょうけいかん》」（今の東京国立博物館の一部）は上に見てきた皇太子婚礼のための東京府からの献納品であった。

古川隆久はこれを「最も大き」な献納品とその珍稀な献納品を評しているが（古川『大正天皇』、六八頁）、単に大きさだけが稀有なのではない。結婚式、そして皇太子自身が日本臣民から見て如何にヨーロッパ的近代化を象徴しているかをさらに裏付けていることが重要である。一九世紀のヨーロッパが定義づけた「近代国家」において石造りの宮殿が欠かせないものであったとしたら、国宝を展示出来る国立美術館もまた重要な施設の一つであった。「表慶館」には、つまり、近代国家の重要施設として、新宮殿に劣らない配慮が払われた。例えば、設計は、新宮殿と同じ近代宮廷建築家片山東熊に依頼され、東宮御所と似たバロック様式の建物となった。

表慶館

このまた目新しい建築物は結婚式当時にも話題を呼んだ。婚礼の当日、青山の東宮御所における御杯式が終わった後、一ヶ月以前に組織された東宮殿下御慶事奉祝会の偉大なる代表——東京府知事千家尊福《せんげたかとみ》、東京市長松田秀雄《まつだひでお》、そして東京商業会議所会頭の澁澤栄一《しぶさわえいいち》——三人が参殿して祝辞を言上してから、美術館献納の書牋《しょせん》を提供している。婚礼一ヶ月後の『風俗画報』に「献納美術館」の設計図が麗々しく紹介され、建物のクラシックな十字形、鉄鋼が用いられている中央の円い広塔、両端の小塔や外部の花岡石が注目に価するものとしてとりあげられている（『風俗画報』、一九〇〇年六月一五日、四五頁）。そして、不況にもかかわらず、一九〇八年五月二二日に開館式が行われ、そこで、皇太子自身が令旨《りょうじ》（皇太子の命令を伝える文書）を読み上げ、新しい博物館の「壮麗」なできばえを褒めた（Finn, *Meiji Revisited*, p. 186）。結局、「東宮殿下御慶事記念美術館」は同時代人にとって、新東宮御所とともに「近代東洋に於ける三大建築」のなかに入る一つであった（「新東宮御所——片山東熊博士談（一）」）。

西洋人との交流

生活様式に関して嘉仁が二〇世紀初頭、世界流行のヨーロッパ様式と徐々に関係づけられるようになるにつけ、ヨーロッパ／西洋人との交流に関しても、達者な方だとされるようになった。一四歳で初めて外国人を見た明治天皇が、外国公使らとの謁見が苦手だったのは側近に広く知られていた（『明治天皇記』、第一一巻、四九二頁）。そして、外国人参列の新聞報道には、確かに、その堅苦しい雰囲気が言外に伝わっている（「国賓コンノート殿下入京」『東京朝日新聞』、一九〇六年二月二〇日）。

一方、嘉仁は小さい頃から外国使臣の宮城入りが盛んであったからか、外国人との触れ合いを好んでいるような評判さえ伝わった。冒頭のスペイン公使との会話はその典型的なエピソードであるが、結婚式の時も、以上見てきたように、前例のないほど、外国公使が参列し、皇太子がこれを喜んで受け入れているというようなニュースが流れた。例えば、結婚式当日、各国公使らと握手する場面が伝えられ、後に横浜在留外国人の代表が東宮御所に伺い、祝表を朗読した際に、「この懇切なる賀意を嘉し」たと報道された（『風俗画報』、一九〇〇年六月一五日、一一、三五頁）。以下に見るように、この外の世界との心安い触れ合いは、拡大しつつある日本帝国にとって大きなプラス要素となる。

3 家族の中に見る嘉仁

嘉仁と節子の夫婦イメージ

宮殿や国立美術館という華麗な建築は国の面目に関わるものであるが、王族の立ち居振る舞いも、やはり、民族のアイデンティティを形作ることになる。結婚前の嘉仁は学生、皇太子、そして軍人として日本民族の「近代化」を象徴していたが、結婚後には、夫、そして父としてもその近代的要素を明らかに具現していた。

まず夫としての嘉仁であるが、古川隆久によると、皇太子と節子妃の夫婦仲は「かならずしもしっくりいっていたわけではない」（古川『大正天皇』、七二頁）。しかし、人間である以上、「しっくり」いくというのは難しい。より重要なのは、夫婦としてどんなイメージが臣民に伝わったかということである。

工藤美代子によると、結婚当時、婚約相手の九条節子《くじょうさだこ》妃（後の貞明《ていめい》皇后）に対する臣民の期待はそれほど大きくなかった（工藤『国母の気品――貞明皇后の生涯』、四八〜四九頁）。しかし、多少消極的な調子で書かれたとしても、新聞による節子妃の紹介は、殿下、妃殿下がいかに近代的な夫婦であるかということを裏付けるものであった。まず身分については、九条家は近衛、鷹司、一条、二条と並ぶ五摂家の一つであった。しかし、『官報』における婚礼の公式発表はこの古代からの名門の血統についてはふれることを避け、ただ近代国家の新しい身分の階級（勲等・勲章の制度）に従い、妃殿下の身分を証明するだけであった。「従一位勲一等公爵九条道孝第四女節子と結婚を約せらる」というのである（「東宮御婚約」『官報』、一九〇〇年二月一一日）。近代国家において身分は血統だけで確定することではなく位階が必要であったので、結婚する直前に節子妃自身にも勲一等が叙された（「九条節子姫叙勲」『国民新聞』、一九〇〇年五月九日）。

　身分に次いで、教育がやはり重要であるが、節子妃は、嘉仁と同じく、明治天皇や皇后とは対照的に、近代国家の教育制度において最先端の教育を受けていた。

貞明皇后（絵葉書）

つまり、七歳から、華族女学校に通学し、「一回も欠席あらせられたことなし」と伝えられていた。そして、「日毎の学課を定められ、教師の伺い候を御楽しみに、他事なく御勉励あらせられ」たと、勉強熱心な生徒としての姿が描かれている（『風俗画報』、一九〇〇年六月一五日、四頁）。

最後に健康のことであるが、節子妃の丈夫な身体が妃に決まる決定的な要素であったことはよく知られている。最初に内定された伏見宮貞愛《さだなる》親王の長女禎子女王に結核の疑いがあったからである。皇太子に恵まれなかった健康を明治天皇が妃に求めたという人もいるが、第一章で見てきたように、皇室一般の健康歴からみれば、当然の考慮であったであろう。特に将来の皇后に関しては、である。

しかし、結婚式当時、節子妃の健康体が取り沙汰されたことにはより大きな意味があった。その良好な健康状態は、例えば、学校へは「常に御徒歩にて」という話によって指摘されていたが（『風俗画報』、一九〇〇年六月一五日、四頁）、ダーウィンの進化論が大流行の一九世紀末／二〇世紀初頭の世界においては国民一人ひとりの健康が国家の存亡に関わる重要な論点であった。心身強壮な民族の国家は繁栄し、病弱な民族は衰退するというふうに考えられたのである。特に「国母」となる妃に健康を求めるのは当然であり、臣民から寄せられた祝表の中にも、この進化論的発想を反映する期待が込められている。例えば、東京府会は、「皇統の継承天地とともに窮なく竹の御園の御栄え千世萬世にいよいよひろし」と祝福している（『風俗画報』、一九〇〇年六月一五日、三一頁）。

節子妃の紹介の中に近代的夫婦への期待が明確に出ているとすれば、新しい夫婦の紹介においてこそ、近代国家にふさわしい男女関係が示唆されている。例えば、嘉仁と節子妃は結婚式当時からヨーロッパ君主制をモデルに、より同格の夫婦というように振る舞った。明治天皇が結婚した際、新しい皇后と一緒に公に出ることはなかったが、一九〇〇年には、上に見てきたように、皇太子は皇太子妃と並んで、皇族、顕官や各国公使の祝賀を受けている。朝の儀式の際に、嘉仁と節子妃は皇室の伝統に従い、別々な馬車に乗って宮城へ向かっているが、後のパレードへは同じ馬車に乗り、出門している。この前例のないことに臣民が駆けつけ、朝の別々の参内の時と比較にならない大混雑となり、両殿下相乗りの馬車が二重橋あたりで一〇分あまり止められた（『風俗画報』、一九〇〇年六月一五日、五一〜五三頁）。『国民新聞』によれば、「両殿下の威徳を祝ひ奉る人の心の内ぞ殊勝なりけり」と（「東宮御婚儀」『国民新聞』、一九〇〇年五月一一日）。それだけでなく、嘉仁よりも節子妃の方に興味をもつ臣民もいた。例えば、イギリス系作家のラフカディオ・ハーンがわざわざ家族全員をつれて結婚式に出たのは「元気なお姫様をお祝いし」ようと決めたかららしい（工藤『国母の気品』、九頁）。

　嘉仁と節子妃が、このようにほとんど同格のかたちで国民の前に現れたというのは皇太子と皇太子妃が史上初めて「夫婦」として考えられたからだといって良いだろう。実際、一八八九年、明治憲法とともに裁定された皇室典範はヨーロッパの君主制をモデルに皇位継承を嫡出子優先としたので、皇室の繁栄は前時代より天皇と皇后の関係に依存するようになった。そして、皇太子の結婚式の日取りを決めるにあたって、伊藤博文、東宮輔導の有栖川《ありすがわ》宮《のみや》威仁《たけひと》親王《しんのう》（嘉仁の教育係）や明治天皇側近は「東宮が成婚前に他の女性に触れられないように」と熱心に一夫一婦制を確立しようとした（ベルツ編『ベルツの日記』、上、一九七頁（一九〇〇年三月二三日付））。国民はこの一夫一婦制に好意的で、皇太子夫妻のための東京府会の祝賀は、例えば、「人に男女あるは時に寒暑あるが如く造化の天理にして夫婦はやがて人民生育の大本なり」と、皇室、そして、国民の存続を皇太子と皇太子妃の「夫婦」に頼るものだとほのめかしている（『風俗画報』、一九〇〇年六月一五日、三一頁）。

皇室初の「夫婦」というイメージは両殿下が結婚式二週間後の三重、京都や奈良への九日間の旅行によって、さらに強められた。後に見るように、嘉仁は一九〇〇年から一九一二年の間に、一〇回以上も全国にわたる行幸に出かけているが、明記しておかなければならないのは、最初の公式巡啓は節子妃と一緒だったということである。明治天皇は明治初期（一八七二〜八五年）に六回も巡幸に出ているが（いわゆる六大巡幸）、このうち昭憲《しょうけん》皇太后と一緒に出かけたことはなかった。皇太子夫妻の今度の巡啓は結婚を報告するため伊勢神宮や天皇の陵墓に参拝することとなっていたが、実質上、皇位継承者の史上初めての新婚旅行であった。

この新婚旅行は結婚式の興奮状態をさらに煽った。皇室の表向きの意図は参拝であったので、結婚式よりは比較的謹厳な行事が続いたが、それでも、出発日の五月二三日には皇族、各大臣、枢密顧問官や陸海軍将校等に盛大に見送られ、目的地では、どこへも馬車で相乗し、「夫婦」として行事を済ませた。最後の六月二日には、皇太子は軍服、節子妃は鶸《もえぎ》色の洋服を着て、馬車に相乗りして、京都で再び行列に臨んだ。パレード沿道には在京華族、各宗門跡、神社宮司、京都帝国大学、その他各学校生徒、奉祝会員、赤十字社員等、五万人余が整列し見送り、最後に一〇一発の花火が打ち上げられた（『風俗画報』、一九〇〇年六月一五日、三一頁）。

家族３人を描いた絵葉書

嘉仁の親子関係

こうして、嘉仁は結婚式当時から「夫」、しかも、王室の近代的カップルにおける「夫」という新しいアイデンティティを確立したが、一年後にはもう一つ大きな要素が自己アイデンティティに付け加えられた。父としての存在である。迪宮《みちのみや》裕仁《ひろひと》親王《しんのう》（後の昭和天皇）が一九〇一年四月二九日に生まれたのである。

嘉仁の誕生でも見たように、国民が皇族の存続、そして国の隆盛をも望む以上は、皇位継承者が生まれることは大きな喜びである。しかし、今回は一八七九年よりもまた一層大きな賑わいとなった。あの盛大な結婚式が湧かした皇室初の「夫婦」に対する大きな期待に応えられたように見えたからである。

考えてみれば、他の背景と同じように、親子関係についても、嘉仁は睦仁とは大きく違っていた。嘉仁は昭憲皇太后の子ではなく、権典侍柳原《やなぎはら》愛子《なるこ》を生母とし、いわゆる側室の子であった。明治天皇と皇后の間には結局、皇子は一人も生まれなかったのである。これとは対照的に、嘉仁の嫡子は四人全員とも節子妃を生母としている。しかも、皆、元気な男児であった。一九〇〇年に天皇側近がずいぶん心配していた新しい一夫一婦制は、嘉仁と節子妃によって、次々と見事に実現されていったのである。

したがって各皇子の誕生は、大きく祝福された。官界が参賀し、外国公使は本国からの祝電を持参し、各所に日の丸の旗が掲げられた。そして、各新聞は出産のニュースを大きく取り上げている。迪宮裕仁の誕生については、大正期において史上初の本格的な政党内閣を造ることになり、当時大阪毎日新聞社編集総理だった、原敬も参賀し（『原敬日記』、第一巻、三二八頁〈一九〇一年四月三〇日付〉）、「国を擧げて歡舞抃躍《べんやく》」と『時事新報』が描写している（「国を擧げて歡舞抃躍——皇長孫御降誕」『時事新報』、一九〇一年五月一日）。『読売新聞』は「大御代は常磐堅磐に皇室の御栄え前古比なく竹の園生の繁り茂り」と、新しい国家の隆盛が、皇太子夫妻の目覚ましい成果により確立された皇室の繁栄によって保証されることが行間に読める（『読売新聞』、一九〇一年五月一日、古川『大正天皇』、七四～七五頁引用）。一週間後の御命名式の日に青山練兵場で祝砲一〇一発が発され、日比谷では花火が打ち上げられた。皇族の梨本宮伊都子《なしもとのみやいつこ》によると「大賑ひ」であった（小田部雄次『梨本宮伊都子妃の日記』、五五頁）。

以上、見てきたように皇太子夫妻への期待は単に皇室の存続だけにとどまることではなかった。皇室、そして国そのものの生活様式にも大きな望みがかかっていた。夫婦の今様のあり方は存続にもかかることだとされたからである。

子供の育て方に関しても嘉仁は睦仁と大きく異なっていた。嘉仁は二〇世紀の風潮にかなうやり方をまた明確に選んでいたのである。皇太子が明治天皇から受け継いだ重要な要素が一つあった。それは、子供と別々の暮らしをすることである。これは皇室長年の伝統であったが、皇太子の主治医ベルツ氏は「不自然で残酷な風習」と思い、「全くばかげている」とまで言っている（『ベルツの日記』、上、二三二頁〔一九〇一年九月一六日付〕）。

ベルツ氏は確かに失望したが、彼の憤慨が深ければ深いほど、ベルツの皇室に対する大きな期待がはっきり見られるように思われる。実際、同日の日記に氏はこのような「残酷な風習」が「もう廃止されるものと期待していた」と残している。そして、その「期待」の根拠として、「他の多くの場合と同様に、この点でもドイツやイギリスの王室に範をとらないのか」と嘆いている（『ベルツの日記』、上、二三三頁〔一九〇一年九月一六日付〕）。多くにおいて、皇太子夫妻のヨーロッパ的近代化を志向する雰囲気が圧倒的であったからこそ、ベルツは子供の育成をめぐる古い風習に憤慨したのである。

迪宮，淳宮，光宮（右から順に，1906年６月12日）

ところで、かたちの上では嘉仁と節子妃は皇室の長年の伝統に従って親子別居の生活をしたが、子供の育成は自分たちの考えるとおりの方向に導いたのも確かである。節子妃は幼時、嘉仁と同じように親元から離されたが、自分の子供を手元で育てられないことに対する不満を側近によくもらしていた（『高松宮宣仁親王』、三三頁）。結果的には、皇太子夫妻と皇子四人との関係は、明治天皇と嘉仁との関係と大分違ったのである。中山邸に嘉仁を預けた明治天皇は中山忠能にすべてを任せ、嘉仁が六歳になるまでは近づくことも、その養育に口を出すこともほとんどなかった（原『大正天皇』、三一頁）。青山御所に移った後の嘉仁の健康、勉学や生活ぶりを明治天皇は皇太子側近に日誌を提出させ、チェックしているが、週に一回しか会わず、食事をともにすることは珍しかった（『明治天皇記』、第八巻）。そして、慣習としての週一回の参内に嘉仁は嫌々ながら臨んだものの、対面しても話はあまり弾まなかった（『臨時帝室編修局史料「明治天皇紀」談話記録集成』、第一巻、二五二～二五四頁）。

ピアノに合わせてダンスと合唱

これとは対照的に、皇太子と皇太子妃は一週間に数回も子供と会ったり、節子妃は御養育係に一つひとつ細かなことまで指示した。別々の暮らしの下でも親子の交際を比較的安易にしたのは日露戦争中に三人の皇子（うち、澄宮崇仁《すみのみやたかひと》〔後の三笠宮〕は一九一五年生まれ）が両殿下の青山御所から、歩いて五分ぐらいの距離の皇孫仮御殿に移ったことである。親子は週に三回ほど定期的に会えることとなっていたが、近くなったので、両殿下のどちらかが姿を見せたり、庭で偶然行き会ったりすることもよくあった（『高松宮宣仁親王』、五二頁）。次男の淳宮雍仁《あつのみややすひと》（一九〇二年生まれ、後の秩父宮）によると、父宮嘉仁の方が特に運動の途中や乗馬練習の帰りに皇孫仮御殿に突然立ち寄ることが多く、鬼ごっこなどで子供を喜ばせたそうである。週二回、決まって食事を一緒にする時にも、宮方は嘉仁の好みのワインを交代で酌したり、食事後には母節子妃のピアノに父宮嘉仁、侍従、武官や女官も加わり、皆で合唱したりした（秩父宮『思い出の記』）。親子別々の暮らしと聞いて憤慨したベルツはこの皇太子一家の実際の雰囲気を観察してほっとした。「日本の歴史の上で皇太子としては未曾有のことだが、西洋の意味でいう本当の幸福な家庭生活、すなわち親子一緒の生活を営んでおられる」と述べている（『ベルツの日記』、下、三六七頁〔一九〇五年三月三一日付〕）。

ここで注目すべきことは皇太子一家の「西洋」的雰囲気と、明治天皇一家の雰囲気とは全く違うことである。明治天皇、皇后の女官を勤めた山川三千子によると、この違いは、付いている女官の性格にまで反映されていた。明治天皇、皇后の女官には「力仕事などもする実行型」といった人が多かったが、皇太子夫妻の女官は「皇后宮様のピアノにあわせてダンスなどしていられたとか聞くとおり、皆よねよねとしたいわゆる様子のいい方ばかり」であったようである（山川『女官』、二〇六頁）。

ダンスのことまで触れなかったにせよ、当時の新聞は四人の子供達の生育状況や動向を時折発表し、ベルツや山川が身近に観察した皇太子一家のこの開けて温かい雰囲気を明らかにしている。一九〇五年一二月一二日の『萬朝報』は、例えば、迪宮裕仁と淳宮雍仁の沼津御用邸における一日を紹介し、父殿下が訪ねるところをも描写している。「種々の御土産を賜はりしかば太く喜ばせたまひ、やがて御発車の時刻迫りたれど御父君殿下の御側を離れたまはす、共に御帰京ありたき旨仰せられ」たと。

錦絵においてもこの気軽な雰囲気が映されている。「御遊覧青葉の里」（一九〇三年）と題するものには、例えば、ピンク色の桜をバックに二人の皇子や女官に囲まれて喜ぶ嘉仁がいかにも穏やかに描かれている（小西『錦絵、幕末明治の歴史』、第一二巻、三四〜三五頁）。天皇、皇后や幼い嘉仁の閑暇の時

御遊覧青葉の里（楊斎延一画，1903年）

間をとらえた錦絵が版行されたのは第一章で見た通りであるが、そこで映されている天皇の「家庭」は後の皇太子の「家庭」と違い、より堅い雰囲気に包まれているように思われる。前方においては、例えば、幼い嘉仁が天皇から離れ、皇后の方に寄っているのがよく見かけられるのである（楊洲週延画「秋の宮中菊花盛」、一八八八年、「西丸皇居ノ真景」、一八八八年、小西『錦絵、幕末明治の歴史』、第一〇巻、一三、一一四頁）。嘉仁が、要するに将来の国の父として新しいモデルを築き上げはじめたのである。「御親子の御間の御睦しさも推しはかられて返す返すも難有き御事にこそあれ」と『萬朝報』は結論づけている（「皇孫殿下御近状」『萬朝報』、一九〇五年一二月一二日）。

日本の皇室の変容

「病弱」という評判とともに、治世期間が比較的短かったことが大正天皇の悪評に拍車をかけているようである。だが、上に見てきたように、天皇になるかなり前から、皇太子嘉仁は国のために大きな役割を果たしていた。それは象徴的な役割と

秋の宮中菊花盛（楊洲周延画，1888年）

はいえ、新しい国家にとって欠かせない重大なことであった。

明治日本の最大の象徴として明治天皇が大きな歴史的遺産を残しているのは当然である。だが、第一章で見たように、一九世紀末にはまだ成熟した近代国家や近代君主制はできていない。嘉仁の誕生、教育、立太子礼や軍事的地位はこの近代化という、明治天皇の巨大な事業に大きな貢献をしている。

近代国家にとって青春時代の嘉仁の存在感がこれほど重要であるのなら、大人になってからの嘉仁の存在はなおのこと大事である。特に皇太子の結婚式が二〇世紀の始まりと重なったことには大きな意義が見いだされた。日本の臣民は二〇世紀を迎え、時代の転機に大きな期待を抱いた。それは日清戦争における勝利や不平等条約の放棄を通じて、まだ若い近代国家の日本が世界列強と肩を並べられるように見えたからである。皇太子の結婚式は戦争が証明した近代国家の力と条約改正が強調した近代国家の国際法上の立場に次いで、国家の近代的君主制にはっきりとスポットライトをあてた。そしてそれは日本の皇室を、二〇世紀初頭の世界の風潮、ヨーロッパ的スタイルへと大きく導いたのである。

近代日本史の通説において、日清戦争後の日本社会は保守的、伝統的方向へ走った時代とされているが、ヨーロッパ的スタイルが「近代」＝「文明」であると定義されたかぎり日本においてもそのスタイルが浸透したことは当然である。二〇世紀に入って、特に皇太子嘉仁がこのスタイルの格好の象徴となり、それは結婚式において発揮されただけでなく、東京の面目まで変革した皇太子のための巨大建築（特に新東宮御所や東宮殿下御慶事記念美術館）においても見られることである。そして、嘉仁が結婚してすぐ自己アイデンティティに付け加えられた新しい要素——つまり、夫と父としての存在——を通じてもこのヨーロッパ的＝近代的スタイルが大きく進められた。

面白いことに、このヨーロッパ風に走るほど、明治天皇の根本的価値より離れることになる。近代日本史の通説において、日露戦争後は日本社会の不安定な時代ともされているが、一つにはこの嘉仁が象徴する新しく強力なスタイルに明治日本が圧倒されかけてきた結果とも思われる。次章では結婚した後に嘉仁が、芽を出しかけていた日本帝国の「近代」をも象徴する存在となる過程を探ってみることにする。

第三章　行啓に見る近代日本

「睦仁の死により閉幕したばかりの明治期においては天皇は古い日本の規律のかなめであった。新しい天皇（嘉仁）は本質が全く違うのである。西洋の教育に養育され、外国語も身につけ、民間の子弟と学校に通った。国民との非公式な触れ合いになれ、顔は万人に知られていた。一度も住んではいないが、嘉仁の為にフランス式の豪華な宮殿が建てられ、結婚生活はヨーロッパの基準をモデルにしたものである。」

（『ニューヨーク・タイムズ』、一九一二年九月一日）

1　日本各地への行啓

ヨーロッパ諸国の如く

嘉仁が官立学校に通い始める一八八七年に、当時外務大臣だった井上馨《いのうえかおる》は日本帝国の将来について興味深い覚え書きを執筆している。世界大勢を見て、まだ未熟な近代国家のあるべき姿を大胆に描いている。「我帝国及ビ人民ヲ化シテ、恰モ欧洲邦国ノ如ク、恰モ欧洲人民ノ如クナラシムルニ在ルノミ。即チ之ヲ切言スレバ、欧洲的一新帝国ヲ東洋ノ表ニ造出スルニ在ルノミ」と述べている（井上馨候伝記編纂会『世外井上公伝』、第三巻、九一三頁）。井上はいうまでもなく、一八八〇年代、西洋建築で話題となった鹿鳴館の推進者であり明治初期の急速な西洋化を代表する者であったが、第二章でも見たように、鹿鳴館が一八九四年に政府より払い下げられたことは、西洋化の時代の終焉であると、通常は解釈されている。

しかし、冒頭の『ニューヨーク・タイムズ』（*New York Times*）からの引用がほのめかしているように、「欧洲的一新帝国」の夢は井上馨や鹿鳴館とともに消えたわけではない。それどころか、生誕以来、新しい国家の近代化を象徴してきた皇太子嘉仁の成長とともにその夢はかなえられそうであった。結婚後の嘉仁は国家だけでなく、徐々に拡大していく日本帝国の近代化＝西洋化をも象徴するようになるのである。

皇太子時代の行啓

皇太子時代のもっとも評価された実績として、嘉仁の日本各地への旅行がよくあげられる。一九〇〇年から天皇になる一九一二年まで、嘉仁は九州から北海道まで、一〇回以上も各地を巡行している。そして、一九〇三年から天皇とともに観兵式に参列し、一九〇八年からは、天皇の代理として軍事演習にも参列している。原武史は皇太子の数々の行啓を詳細に描き、宮中内引きこもりの「病弱な皇太子」というイメージに対して強い反論をしている（原『大正天皇』、第三～五章）。これとは対照的に、古川隆久は行啓における嘉仁の予想できない「大変迷惑」な行動を強調している（古川『大正天皇』、八八～一〇一頁）。

古川氏が指摘しているとおり、この一連の旅行を通じて、嘉仁は初めて多くの人の目に触れた。同氏はしたがって、嘉仁の「人柄」が初めて国民に見えてきたとも論じている（古川『大正天皇』、八八頁）。しかし、実際には皇太子を目撃した人はまだ少なく、新聞に出る皇太子のイメージは単なる「人柄」だけではないといえる。原武史は行啓を日露戦争以前の見聞を広めるための「学習的」なものと戦争以後のより「政治的」なものと二つに分けているが、地域見学であるというのは明治天皇の六大巡幸（一八七二～八五年）と全く同じことで、嘉仁が地理歴史に特別に疎いから必要であったわけではない。

実際には、皇太子の行啓は明治天皇の巡幸と似たところが多い。伊藤之雄は睦仁天皇の巡幸は皇室の近代的イメージを大きく促進したと論じているが（伊藤『明治天皇』、一二二頁）、同じことが皇太子の公式旅行についても言える。例えば、天皇も嘉仁も、近代国家にとって重要な施設——地方自治体、軍隊、学校、病院等——を訪ねたり、この施設の指導者と会ったりしているが、規模的にもこれらは厖大な行事であり、天皇も皇子も九州から北海道まで巡行し、二人とも二ヶ月ほどで一〇数県にもおよぶ旅に出ている。

嘉仁の技術好き

この厖大な規模から見れば、行幸も行啓の重要性も充分窺える。しかし、これらは皇室の近代的イメージを促進しただけでなく、近代国家そのものの充実に欠かせない行事であったともいえよう。近代国家の新しい中核たるべき皇室を新「国民」に紹介するために必要なことであったからである。行幸や行啓は明治天皇の場合は知られざるその存在を近代化とともに国民に紹介することが主な目的だったが、嘉仁に関しては誕生以来、近代国家と一体であった存在をより広く知らせるための計画であったように思われる。

「存在」というのは嘉仁の「人柄」ではなく、皇太子の明治国家の一象徴としての存在のことである。そして、今まで見てきたように、嘉仁が具現する明治が睦仁のそれと異なるかぎり、皇子の行啓も天皇の行幸と違う要素があるはずである。実際、明治の行幸が一九世紀の「近代」を象徴していたとすれば、結婚式についても見たように、皇太子の行啓は明らかに二〇世紀初頭の「近代」を表している。

原武史は、嘉仁の行啓の特徴として各地に新しいインフラの設備が普及していたことを力説している（原『大正天皇』、一四七頁）。実際、二〇世紀初頭には鉄道、電話や電気の利用はますます進んでいた。明治天皇は主に船、馬車、あるいは駕籠《かご》で移動していたが、嘉仁は一九世紀末最先端の交通機関である汽車を使った。天皇行幸の祝祭の際、雰囲気は提灯で何とか盛り上げられたが、皇太子の場合には電灯を用いて明るくしていたところもあった。

原氏の論点をやや突き詰めていえば、嘉仁の行啓は産業国家日本を象徴するものであった。明治天皇も皇太子も全国旅行によって、地方の経済的発達を促進することになるが、日清戦争後、日本の輸出入量は倍増し、二〇世紀初頭には産業国家になりつつあった。明治天皇の場合は、百姓の働きぶりや地方の特産物の天覧が主であったが、嘉仁になると、物産陳列所、製糸工場、製鉄所を見学訪問に寄ることが多くなった。皇太子、最後の山梨行啓（一九一二年三〜四月）までには「教育産業御奨励の御趣意に依」る旅行だと、産業の発達が中心目的のように報道されてきた（「東宮甲府行啓、ご出発は来月下旬」『東京朝日新聞』、一九一二年二月二五日）。

明治天皇も皇太子も旅行において、新しい技術に触れることがあったが、嘉仁の場合は産業国家にふさわしく一段と前進したものであった。天皇は、東北奥羽・北海道巡幸（一八七六年六〜七月）において、初めて顕微鏡を試してみたという例があるが、嘉仁の場合には一九一〇年九月の関西における特別工兵演習台覧のために電話や電鈴が付いている電車が備えられたと報道されている（「電話附の東宮御召電車」『報知新聞』、一九一二年九月二四日）。そして、皇太子の技術好きが広く知れわたり、山陰巡啓（一九〇七年五〜六月）の出雲大社訪問においては、嘉仁自身がカメラを持って大社庭園の写真を撮っていることが報道された。皇太子は、その結果、天皇の場合に見られなかった新しい技術と皇太子という連想をされるようになる。東北巡啓（一九〇八年九〜一〇月）の際に嘉仁を迎えたある住人は、一九〇八年に福島県川保町にとって記念すべきことが三つも重な

三大事業竣工祝賀式の学童旗行列
（1912年 6 月15日，京都で。三大事業とは上水事業，道路拡築，電気軌道敷設〔市電〕）

ったと回想している。「八月に川保福島間の電話開通、九月に皇太子殿下の行啓、一〇月に電灯の点火のそれであります」との言葉である（原『大正天皇』、一四七頁引用）。産業国家の発達とともに嘉仁が現れたようなものである。

しかし、明治天皇の巡幸との違いは経済的、工業的発達レベルの違いにとどまることではない。新しい諸設備はより根本的な違いを暗示しているように思われる。一九世紀の「近代」は、簡単に言えば、統一された日本がまだ成熟していない近代であった。一国家としての意識がまだ成り立っておらず、皇室に対する「忠孝」もまだ薄い頃であった。第二章でも見たように、ドイツ人ベルツは一八八〇年、第三巡行でもっとも長期の、七二日間も続いた北陸・東海道への大巡幸の後でさえも、明治天皇誕生日祝祭について、国民がいまだに冷淡であることに首を傾げている（ベルツ編『ベルツの日記』、上、一一四頁〔一八八〇年一一月三日付〕）。

皇室に対する忠孝

これとは対照的に、二〇世紀初頭の日本はやっと統一国家になってきたように思われる。原武史が言うインフラの設備のもっとも根本的な意義はここにある。一九〇〇年までの一〇数年において、鉄道の営業キロメートル数は一〇倍以上増え、六〇〇〇キロメートル近くに達し、一九〇五年までに新聞の流通は一六〇万部を超え、一八九〇年から東京・横浜で電話サービスが開始されると、一九〇七年までに仙台・福島・米沢・山形間の長距離電話も開始された。これに加え、一九〇六年までには義務教育の就学率がようやく一〇〇パーセントに近づいた。要するに、二〇世紀初頭に、日本列島は九州から北海道まで一つの国家意識で結ばれ、日本人にようやく世界における一国民としての意識が芽生えたのである。

この近代日本の出世時とでもいうべき時期に皇太子嘉仁がちょうど成人し、本格的な国事行事の大役を果たすようになることに大きな意義がある。日本人の国民としての意識は明治天皇治世下に始まったが、嘉仁の存在にも大きく影響を受けるということである。

明治天皇がこの時期、日清戦争や日露戦争の勝利を通じて大元帥として近代国家の中心的存在に固定されたのは周知のとおりである。しかし、忘れてはならないのは、睦仁の大巡幸はとっくに終わっていたということである。一八九〇年以後は陸軍特別大演習など、軍事的な行幸が中心になり、全国巡幸で見られた、地方自治体を対象とする天覧はすでになくなっていたのである。日清、日露戦争において、大元帥としての天皇のイメージは錦絵や幻灯機によって広く行き渡ったが、国民との接触に関しては、二〇世紀に入ってからは皇太子の方が遙かに大きな役割を果たしている。一八八〇年にはベルツ氏が国民の天皇に対する冷淡な態度を残念がっていたが、行啓において嘉仁が見た国民の歓迎ぶりは圧倒的なものであった。一九〇七年に、山陰巡啓から帰ってきた嘉仁と会った原敬は「同地方に於いては誠に千載の一遇として非常の歓喜を以て迎へ奉りたるものなり」と日記におさめている（『原敬日記』、第二巻、二四六頁〔一九〇七年六月一〇日付〕）。

実際、嘉仁は一九〇〇年から天皇になる一九一二年までの間、行啓や近代国家形成の中で充実してきた鉄道、新聞、義務教育などの整備を通じて二〇世紀日本の最大のシンボルとなっていった。原敬は以上の感想の後に「山陰の天地も将来多少の変化を見るならんと思はる」と付け加えているが

（『原敬日記』、第二巻、二四六頁〔一九〇七年六月一〇日付〕）、皇太子の象徴性の潜在的な力が充分窺われる。

2　ヨーロッパ的スタイルの浸透

行啓に見る軍事国家日本

さて、嘉仁の行啓によって、どのような二〇世紀初頭の日本が見られるのであろうか。以上にふれた産業国家の日本と、統一した日本に次いで、軍事国家としての日本もあげられる。第一章で見たように、皇太子になってから、嘉仁の軍事的地位が徐々に上がり、日露戦争の直前に明治天皇とともに観兵式に参列するようになり、戦争勃発後は大本営にも参列している。戦争が終わると、嘉仁は天皇の代理として軍事演習に参与し始めるが、一九〇八年から一九一二年の間に、五つの軍事的行啓を行っている。

この軍事的行啓は天皇の軍事演習と比べ、規模的にはずっと小さいものであった。天皇が毎年一一月に複数の師団や旅団が参加する特別大演習を統監したのと異なって、皇太子は例えば近衛師団の機動演習のような個別師団の演習を「見学」するかたちで行啓している。一九〇九年一一月に嘉仁は陸海軍中将に昇進し、参謀本部付となるが、毎年四月に行われる参謀本部参謀旅行演習を見学することになり、一九一〇年五月からは、週二回参謀本部に通うことにもなる（原『大正天皇』、一五三頁）。

皇太子のこの軍事的活動は明らかに明治天皇が果たしている大元帥の役目を継承するための準備で、二〇世紀初頭の「近代」と多少矛盾しているように思われるかもしれない。しかし、「軍事国家」といっても「軍国主義」の国ではないことは明記されるべきである。第一章でもふれたとおり、近代国家、特にヨーロッパ諸国において重んじられる基準は軍事力の規模であるが、この基準が揺れ始めるのは第一次世界大戦の後のことである。一九世紀末期／二〇世紀初頭の近代国家にとって、発展途上の産業とともに、厖大な軍事力が欠かせない要素となり、皇太子も他国家の皇族と同様、その軍事力を象徴することになるのは当然の成り行きである。

ちなみに、軍事力に関して、皇太子の「近代」は睦仁の近代とよく似てはいるが、そこにも重要な違いが一つあげられる。それは規模の差である。日清戦争当時の陸軍は七個師団、海軍は六万トン、軍事費は国費全体の三〇パーセントにもおよばなかったが、一九〇三年までには陸軍は一三個師団、海軍一五万トン、軍事費は五五パーセントにまであがり、帝国日本の軍事力は倍以上に拡大している。一九〇八年から天皇や皇太子が軍事演習に別々に参列しているというのは、一つにはこの軍事力の大幅な拡大を反映しているからである。

閑暇文化を楽しむ

産業化、統一化や軍事強化に次いで二〇世紀初頭の日本の特質として、皇太子の結婚式においても見られたように、ヨーロッパ的スタイルがあげられる。まず簡単な例でいえば、洋服の促進である。皇太子は行啓において、明治天皇と同じように、軍服姿でよく現れたが、公式の場には軍服以外の洋服が好みで、睦仁が日清戦争以後、公式の行事では絶対着ることのない（伊藤『明治天皇』、二九四頁）モーニングコートに山高帽という装いもよく見られた。

さらに、ヨーロッパ君主制のスタイルに欠かせないものの一つに、閑暇文化がある。皇太子は明治

モーターボートを操縦する光宮
（中等科時代，浜離宮にて）

天皇と同じようにその閑暇文化の中核ともいうべき乗馬を充分楽しんだが、睦仁がほとんど見たことのなかったヨット、ビリヤードやテニスも熱心に追求し、ヨーロッパ皇族に楽しまれていたこの娯楽を子供たちにも伝えた。古川隆久がいうように、皇太子自身が楽しんでいるところはほとんど報道されていないが（古川『大正天皇』、八三頁）、旅行において、この新しい娯楽を楽しげに観察している場面はよく見られた。一九〇〇年は有栖川宮威仁親王とともに京都大学生のテニスを観戦しており、「両殿下殊に御気色うるはしく、時々御笑みを含ませらるるを見受け奉りき」と伝えられた（『風俗画報』、一九〇〇年六月一五日、二二頁）。

ヨーロッパ君主制の閑暇文化の一つに、避暑や避寒の旅行もあげられる。公式的な行啓とは違うが、嘉仁は九歳（一八八八年八月）の頃から、毎年の夏と冬に箱根、熱海や日光へ行っている。皮肉なことに、この一連の休養旅行は私的な外出を好まない明治天皇と対照的で、「病弱」な嘉仁を浮き彫りにする格好な材料とされてきた（原『大正天皇』、三七～三九頁、古川『大正天皇』、一九頁）。しかし、忘れてはならないのは、一九世紀ヨーロッパの貴族の間においてこのような旅行は恒例となっており、貴族の近代化のもう一つの印となっていた。近代国家成立後、最初に避暑へよく赴くのは昭憲皇太后であるが、それは脚気の再発防止の、まさに健康のためのものであった。嘉仁の時になると避暑や避寒がある種の流行となり（伊藤『明治天皇』、二七九頁）、病気の気配が全然ない皇太子の皇子らにもまたこの風習が伝えられた。

第二章で見てきたように、ヨーロッパ的スタイルを表す要素に、嘉仁の近代的「夫婦」における「夫」としてのイメージ、それが広く報道された関西方面への新婚旅行、そして嘉仁の近代的「父」としてのアイデンティティがあげられる。関西旅行後の行啓には節子妃や皇子たちは同行していないが、また新しい時代のメディアが、この後の行啓において、嘉仁の近代的な「夫」や「父」としての存在を強く打ち出している。日露戦争あたりから錦絵に代わって、絵葉書という新しいメディアが大量に販売されるようになるが、原武史によると、山陰巡啓（一九〇七年五〜六月）、山口・徳島巡啓（一九〇八年四月）や東北巡啓（一九〇八年九〜一〇月）の巡啓記念としての絵葉書が広く出回った。東北巡啓の際には、例えば、福島民報社や青森の奥印刷所によって、皇太子夫妻の肖像写真と、三人の皇子の肖像に豪華な新東宮御所が入った写真が二枚一組で発売された。これらの記念絵葉書は地元紙を通して大きく宣伝されたが、その地元紙自体にも皇太子の近代的家庭が大々的に紹介されている。『山口日報』は、行啓記念号の一面に皇太子夫妻と三人の皇子の肖像と新東宮御所の写真を二段抜きで掲載している（原『大正天皇』、一四八〜一五〇頁）。

皇室の国民への接近

しかし、嘉仁の行啓でみるヨーロッパ的スタイルの一番重要な要素は、皇室の国民への接近である。原武史によれば、明治天皇には見られなかった自由

有栖川宮威仁親王

が皇太子の巡啓にあり、その理由は嘉仁の健康問題に帰すると主張している。東宮輔導有栖川宮威仁親王が体の弱い皇太子になるべく余裕を与えようとしたというのである（原『大正天皇』、六〇頁）。実際、何週間にもおよぶ行啓に際して、健康が気になるのは当然のことで、明治天皇の場合は確かにそうであった。しかし、皇太子の行啓における「自由」は個人的な健康問題というより、その時代の情勢傾向に帰されるように思われる。

威仁親王自身は本当の意味で新しい時代の人物であった。皇族として幕末期の京都に生まれたが、一八七九年、一七歳の時に、太政官に命ぜられ、イギリス海軍シナ海艦隊旗艦「アイアン・デューク」に乗組員として、一年間ほど過酷な艦上作業に従事した。その後、イギリスのグリニッジ海軍大学校に二年間ほど留学し、日清戦争後にはイギリス女王即位六〇年祝典参列のために再び渡英している。有栖川は、要するに、ある種のイギリス通であり、ヨーロッパ、特にイギリスの君主制を親しく観察し、この近代君主制の基準というべきものを日本もある程度目指すべきだと確信した上で、一八九八年に嘉仁の教育にあたった（威仁親王行実編纂会『威仁親王行実』）。

新しい風習

第二章でもふれたとおり、一九世紀末はヨーロッパにおいて、絶対君主制から民主主義体制へと推移する時代であり、王政の儀式に大きな変化がもたらされた。特に有栖川宮がイギリスに滞在していた一八八〇年代から第一次世界大戦までの間にイギリスの王帝が産業化とともに登場した鉄道、電気、新聞などの近代的施設を利用し、儀式を大々的にした上、君主制をエリートの狭い世界のものから国民全体にアピールできるものに変革した（Cannadine, "The Context, Performance and Meaning of Ritual," pp. 120-128）。この新しい風習をモデルに、威仁親王が皇太子の最初の行啓の計画を立てたのである。

さて、国民にアピールできる新しい風習とはどのようなものであったのであろうか。まずあげなければならないのは交通機関である。上にもふれたように六大巡幸の場合、明治天皇はほとんど馬車か駕籠で移動しているが、駕籠はやはり、乗り手が出ないかぎり外からは見られない。馬車も動く個室的なかたちのものが普通で、乗り手が見えにくい。したがって、明治天皇が大体決まったところで下車して、天覧を行わない限り、ほとんど国民の目には止まらなかった（Keene, *Emperor of Japan*, p. 298）。

これとは対照的に、皇太子は主に汽車と人力車で移動し、国民の目にふれる機会が多かった。まず汽車の「停車場」が明治天皇の時代にはあまりなかった群衆の集合場所となり、出発や到着の時には必ず多勢の群衆に囲まれて進んでいる。そして、汽車は馬車より窓が大きく、乗車している様子を見られるうち、人々の話題となっていた。例えば、新婚旅行からの帰りに、嘉仁は「御車室にて五分間御直立あらせられ、特に近衛公を御則近く召して、頻りに行啓中の御物語ありしと漏れ承りぬ」と輿がって伝えられている（『風俗画報』、一九〇〇年六月一五日、一二二頁）。人力車といえば、やはり、駕籠や普通の馬車（開いた形の儀装馬車ではなく）より乗客がよく見え、間近にいるように感じられる。

もう一つ国民にアピールできる新しい風習といえば、やはり原武史も強調する皇太子の非常に自由な台覧である。明治天皇の場合には天覧の場所は厳密に限られていたが、嘉仁になると、予定されたコースからはずれたところが多くなった。原氏によるとこれは宮内省から地方に「平常」の通りの心得を訓示した結果と論じている（原『大正天皇』、八九頁）。しかし、六大巡幸の際にも地方の財政的負担にならないよう、「平常の有様」を保つような訓示も下されている（Keene, *Emperor of Japan*, p. 297）。

行啓の比較的な自由はまたやはり、より大きな歴史的文脈から考察されるべきことである。一つには産業国家の発達に伴う交通機関の変化がある。例えば、人力車は比較的開放的であるだけでなく、馬車や駕籠よりも移動しやすいもので、嘉仁は簡単に人力車を予定されていない方向に走らせることができたのである。しかし、比較的自由であったといっても、どの行啓も細かく計画されたものであり、計画者の承諾がないかぎりは「自由」が許されない。有栖川宮がその自由を許しただけでなく、国民との接近を図るためにイギリスの皇室に自由な行動が許されたと同じように、計画的に嘉仁にも自由を与えようとしたと思われる。結果は大成功であり、上にも見たように、皇太子は訪れたどの地域においても盛大な歓迎を受け、「皇室と人民との接近」が広く論じられた（『新潟新聞』、一九〇二年

五月二七日、原『大正天皇』、九三頁引用）。

3　帝国日本としての萌芽

嘉仁の行啓はこのように、産業国家、統一国家、そしてヨーロッパ様式に従う国家を象徴するようなものであったが、もう一つ重要な意味で明治天皇の六大巡幸と異なっていた。帝国としての日本に光を当てているところである。

日本の帝国建設

六大巡幸の時代には、日本はまだ産業国家でも、統一国家でもなく、充実した帝国にもなっていないのは明白である。しかし、一九世紀末において産業化、統一化と同様、帝国をもつことは文明的近代国家を誇るには欠かせない要素の一つであった。「帝国を考える厳格な男を感動させる大意気が感じられない」のは「臆病者、怠け者」であるとニューヨーク知事、直後に大統領となるセオドア・ルーズベルトが一八九九年に宣言している（Robert H. Ferrell, *American Diplomacy*, p. 23 引用）が、ダーウィンの進化論に基づく当時の帝国主義的発想の活気は充分見受けられる。この歴史的文脈の中にあって日本政府も帝国建設に着手することになるのである。

六大巡幸において明治天皇はやはり、当時の政府が新しく統治することになった地方まで天覧しようとした。東北奥羽・北海道巡幸の際には、例えば、函館でアイヌの伝統衣装や道具が紹介され、五〇人余の地元アイヌ族に歓迎された（Keene, *Emperor of Japan*, pp. 261-262）。そして、帝国の拡張が

広嶋大本営軍議ノ図（梅堂国政画，1894年）

本格化した日清戦争においては、天皇は日本国家だけでなく、帝国日本の最大シンボルとして昇格させられた。台湾を併合する以前にも、海をバックに大元帥の天皇が地図を見ながら広島大本営を指揮している錦絵にはこれが明白に出ている（梅堂国政「広島大本営軍議ノ図」、一八九四年、丹波『錦絵にみる明治天皇と明治時代』、一五四頁）。

しかし、いくら台湾や大陸の方へ進出していく日本帝国の大元帥として描かれていても、明治天皇自身が日本列島以外を天覧することはなかった。これは皇太子嘉仁へ譲られた名誉である。皇太子は一九〇七年一〇月一〇日から二三日の間、保護国となったばかりの韓国を訪問し、皇位継承者の史上初めての海外旅行に出た。

古川隆久が指摘しているように、嘉仁自身が外遊する大きな意欲を持っていたらしい（古川『大正天皇』、一〇一頁）。これはまた当然のことで、明治天皇が育てられた環境とは対照的に、一九世紀末にはヨーロッパの皇族がしきりに世界を周遊することになり、一八九一年にはロシア皇太子やギリシャ王子、一八九三年にはオーストリア皇太子が次々と日本にも来航してきた。日本の皇族の欧州派遣や留学も、同時に多くなってきて、嘉仁の注目も引かざるをえなかった。

皇太子史上初の海外旅行

特に最初の大掛かりな旅行、つまり一八九九年一〇～一一月の沼津御用邸～広島間の軍艦による旅が嘉仁の海外旅行への興味を促し、その堂々と浮かび上がる外遊の夢を詩にまでおさめた。「夢遊欧州」と題したものは「春風吹夢臥南堂、無端超海向西方」と始まり、ロンドンやベルリンも見てきたように詠っている。そして、「遠州洋上作」には「夜駕艨艟過遠州、満天明月思悠悠、何時能遂平生志、一躍雄飛五大洲」と全世界を「雄飛」する意欲を如実に出している。当時東宮輔導顧問だった伊藤博文に自身の海外旅行の希望を睦仁にも伝えるようにと嘉仁が願い出るかたわら、伊藤の推薦もあり、その外遊の準備として熱心にフランス語の勉強を続けた（木下彪編『大正天皇御製詩集』、二七～三〇、三二頁）。後に父となって、家族全員の合唱では、嘉仁が「広き世界の国々の、変わる姿を見て来む」と始まる「世界漫遊の歌」を特に好んでいたと、次男の淳宮雍仁（のち秩父宮）が回想しているとおりである（秩父宮『思い出の記』）。

このように、皇太子の海外に対するあこがれは並々ならないものであったことは明白である。そして、それは当時の日本人にも広く知られた事実である。例えば、「遠州洋上作」に感動した伊藤博文はそれを友人の中央新聞社社長大岡育造に与え、大岡はその写真を撮って新聞に掲載している（木下編『大正天皇御製詩集』、三三頁）。

伊藤は皇太子の最初の（そして、不幸にして最後にもなる）海外旅行に、韓国への行啓を要請した。

原武史が指摘するとおり、その背景には一九〇五年に韓国が日本の保護国となり、円満な日韓関係を促進しようとする意図があった（原『大正天皇』、一二〇〜一二一頁）。しかし、より大きな歴史的文脈からみれば、先ほどふれた「新帝国主義」時代やヨーロッパ皇族の世界周遊そのものが最も重要であるように思われる。

一九世紀末の近代国家は、帝国を獲得したり、皇族を海外へ送ったりしている。そして、皇族が植民地を周遊することも近代的君主制や文明国家にとって欠かせない事業の一つとなった。イギリス皇位の継承者エドワード皇子（のちエドワード七世）は、例えば、一八七五年に八ヶ月間も植民地インドをまわり、次男のジョージ皇子（のちジョージ五世）は一九〇一年にオーストラリア、南アフリカ、カナダやニュージーランドなどのより広い範囲のイギリス帝国を一周した。エドワード七世は一九〇一年に、イギリスの国王として初めて海外自治領（the British Dominions beyond the Sea）の国王とインド皇帝にも即位した（Cannadine, "The Context, Performance and Meaning of Ritual", pp. 124-125）。

この視点からみれば、嘉仁の訪問が韓国人の日本に対する疑念を払拭することはかなわなかったという原武史や古川隆久の主張にはそれほど大きな意義があるとは思えない。植民地における統治国への憤慨は当然であり、皇位継承者の日本史上初めての外遊にはより大きな目的があったように思われる。それは近代国家、そして、近代帝国としての日本の二〇世紀の新しいアイデンティティに焦点を当てることであった。

したがって、嘉仁は国内巡啓でも見たように韓国においても近代的皇太子として大いに活躍した。

例えば、交通機関には日本が導入した鉄道を使い、市内では馬車を走らせた。滞在中は韓国駐劄軍司令部や統監府など、帝国日本の主な統監施設を見て回り、鎮海の湾などの重要な産業施設も台覧した。巡啓は日本支配下の報道機関によって、大きく報道され、日本語新聞の『朝鮮新報』は、例えば、直立した皇太子の正面写真を含む一面きっての取材をした（原『大正天皇』、一二四〜一二六頁）。一〇月一六日、漢城に到着した皇太子はやはり、汽車の「停車場」において韓国の皇太子李垠《いうん》に迎えられ（「東宮韓皇と御対顔」『東京朝日新聞』、一九〇七年一〇月一七日）、後に昌徳宮内の秘苑を訪れた時に、嘉仁自身が有栖川宮のカメラを取り上げ、韓国の皇太子に説明しながら写真を撮っていることが大阪朝日新聞に報道されている（『大阪朝日新聞』、一九〇七年一〇月二四日、原『大正天皇』、一二七頁引用）。

嘉仁（前列右から２人目）と李王世子垠（前列右）
（京城昌徳宮で，1907年）

以上には嘉仁の国内行啓と似たところが多いが、一つだけ大きな違いがある。それは明白な国家権力の発動である。皇太子はイギリスの最先端技術、キング・エドワード七世級戦艦の一つ「香取」で日本海をわたり、巡啓は軍事的活動によって開始され、終了した。出発前の宇品港（静岡県）においては、香取は第一艦隊の全員とともに海軍操練を行い、帰国後の佐世保軍港では皇太子は軍艦「利根」の進水式を台覧している（「東宮韓国御渡航」『東京朝日新聞』、一九〇七年九月二四日）。随行人に日露戦争の英雄東郷平八郎《とうごうへいはちろう》海軍大将や日露戦争当時の首相桂太郎《かつらたろう》陸軍大将が任命され、軍装の三人の威嚇的な肖像写真が現地の新聞に掲載されている（『朝鮮新報』、一九〇七年一〇月一六日、原『大正天皇』、一二四頁引用）。行啓中は嘉仁はモーニングコートではなく、一貫して軍服姿でまわっている。

以上によると日本の「軍国主義」を具象しているように思われかねないが、先ほども指摘したように、ヨーロッパで開花した皇室や帝国のスタイルに従っただけのものである。嘉仁は皇太子時代から日本軍国主義の柱になったのではなく、近代日本帝国の重要なシンボルの一つに成長したのである。日本は一九〇五年一二月、イギリスの例に学んで、日本政府代表として漢城に置かれた統監を天皇に直隷したが、韓国巡啓において、皇太子は、ヨーロッパ皇族の植民地周遊と同じように、帝国の元首（天皇）の代理として、統轄の実を果たそうとしたのである。この日本皇室が史上初めて負った責任を嘉仁が輝かしく果たしたことは「国光の一入揚がる」こととして日本に大きく歓迎されたのは当然であろう（「東宮韓皇と御対顔」）。

4　「大正天皇」の誕生

明治天皇の崩御

「夏の暑い盛りに明治天皇が崩御になりました」。こうして、夏目漱石《なつめそうせき》の一九一四年の名作『こころ』はクライマックスに達するが、主人公の「先生」が自殺を図る理由がやっとわかるところである。「その時私は明治の精神が天皇に始まって天皇に終ったような気がしました。最も強く明治の影響を受けた私どもが、その後に生き残っているのは必竟時勢遅れだという感じが烈しく私の胸を打ちました」（夏目漱石『こころ』、二六五頁）。有名な文章で、明治天皇崩御時の日本のムードを表すものとしてよく引用されている。実際、同時代人に似たような感情が広く見られ、例えば、汽車中に漏れ聞いたこととして『東京朝日新聞』は次のような所見を掲載している。「吾々は明治生れの新しい人間、新しい男、新しい女と云ふのが唯一の誇りだっただが、今日になれば矢張り新しい人ではなく、天保の人々と同一の運命を擔ふに至った」と（「噫！明治の終」『東京朝日新聞』、一九一二年七月三一日）。

四五年間にもおよぶ、日本が画期的な変化をみた明治時代を恋しく思うのは当然であり、特に時代の盛衰とともに成長した人間にとってなおさらである。しかし、これは世代交代というものであり、よくある話である。この悲しみをより広い意味の、二〇世紀初頭の日本全体のムードとして取り上げられてはならない。それは一五年戦争の「暗い」歴史を予測するのに有利であっても、一九一二年当時の日本を正確に把握することではない。

古川隆久によれば、一九一二年七月三〇日に践祚《せんそ》した嘉仁は「君主としていまだ人々に信頼されるような存在ではなかった」と（古川『大正天皇』、一〇九頁）。三三歳の若さで天皇になったばかりの嘉仁に対して、多少不安を抱く人がいたのは当然である。しかし、覚えておかなければならないのは践祚した段階で、嘉仁は国務のためにすでに大きく活躍していたことである。国家元首の交代を宣言する朝見式勅語に「朕……先帝ノ遺業ヲ失墜セサランコトヲ期ス」とあるのは大正天皇に父の遺業が重くのしかかっていたことを物語っていると古川氏は付け加えている（古川『大正天皇』、一一三頁）。しかしながら以上見てきた通り、嘉仁は広い範囲におよぶ行啓において、明治天皇の遺業とみあった人物として関連づけられるようになった。さらに睦仁を超越して目立つほど二〇世紀の近代とほとんど同一視されるほどになったのである。

これは当時の新聞における大正天皇の紹介において明白である。践祚したその日の記事においては、例えば、近代的皇族のもつべき要素――近代教育、軍事的地位、国民との接近、産業の促進や海外との縁――五項目も新しい天皇の特質としてあげられている。「英明の御資性に渡らせられ、才徳共に高くして、御父陛下の御気風を承けさせたまふ」嘉仁が、フランス語を含む学習院の教育を受け、陸軍中将と海軍中将になり、「大演習その他には御見学を怠らずして御研究深く、大元帥として陸海軍を統率」することもあると『東京朝日新聞』は語る。次いで「全国」の巡啓にふれ、「上下の民情にも通じさせたまひ、殖産興業の思召により、諸方の産業をもご視察遊ばされ」た。その「民情」に通じる具体的な例として、地方の物産など、丁寧に上覧して、自分で買い上げることがあげられている。最後に、詩歌に関する新天皇の深い興味に言及し、その作詩の一つに、以前、『中央新聞』に出た「遠州洋上作」を再び掲載している(「新天皇陛下」『東京朝日新聞』、一九一二年七月三〇日)。

新天皇陛下を報じる記事

以上のように、二〇世紀に入って、皇太子嘉仁の近代的アイデンティティにとってさらに重要な要素が二つ付加された。「夫」と「父」としての存在である。この二つの要素も践祚当日の『東京朝日新聞』に大きく報じられ、「新天皇陛下」とならんで、「新皇后陛下」と「皇儲迪宮殿下」という家族全員が紹介された。「新皇后陛下」においては新しい皇后節子の特質として、やはり、以上にも見てきた近代的皇后にふさわしい要素、すなわち、新しい勲等・勲章制による身分の保障、丈夫な身体、近代的教育、国民との親近感、そして、新しい時代の母であることがあげられている。皇后は「従一位大勲位公爵九条道孝卿の御三女」と紹介され、「御体格殊に御強壮」なので、学校へは毎日歩いて行ったなどと伝えられている。皇后の学校は学習院女学部で、「洋語」や「音楽」も含む「新時代の御教養」を受けた。国民との親近感を表す話として、皇后は「御幼少より極めて御質素を守らせられ華奢の御装飾は決して用ひたまはず」と記述されている。最後に、いかに近代的な母であるかは、「御所内の養育所に於いて、御自身育児を御養育」に窺われる(「新皇后陛下」『東京朝日新聞』、一九一二年七月三〇日)。

天皇夫妻の紹介に次いで、天皇一家の紹介として、「皇儲迪宮殿下」では皇子三人にふれ、学習院におけるそれぞれの学業、木馬や遊泳を楽しむ活発なイメージを描いている。そして、中でも、新た

大正天皇・皇后と３人の皇子

に皇太子となる迪宮裕仁親王について、「御学才も優れ」ていることと、両親に対して「至孝にましまして」、対面のときには「何かと御機嫌を奉伺するお言葉あり、御愛情最と濃やかに見えさせたまふ」ことが特記されている（「皇儲迪宮殿下」『東京朝日新聞』、一九一二年七月三〇日）。

この愛情あふれる家族環境は、この三つの記事と並んで掲載された注目すべき写真においてもさらに明らかである。皇太子嘉仁が子供とゆったりしている時間を描いている錦絵は先ほど述べたが、この践祚の時に出た写真がおそらく、家族閑暇の時間の写真として最初の記録であろう。写真は一九〇三年に青山御所で撮られたもので、皇太子、侍従とセーラー服を着た二人の皇子（迪宮裕仁親王と淳宮雍仁親王）が写されている。家族閑暇の時間を描いた錦絵が以前に出たといっても、この写真におさめられた風景とは大きく異なっている。まず、明治天皇や皇太子の場合、家族とゆったりしているところを描く錦絵には皇子のまわりに女官が多いのが特徴であった。だが、この写真には、後ろに写る女官の足と思われるもの以外は女性の気配はない。次に、明治天皇や皇太子の錦絵では父宮の方は軍服姿で椅子でポーズをとっているのが普通であった。しかしここでは皇太子も侍従もモーニングを着て、ポーズではなく、より自然に、子供と遊んでいる姿が写されている。皇太子が迪宮裕仁親王の手、侍従が淳宮雍仁親王の手を繋いで歩いているところが見られる。家族閑暇の時間が初めてそのままに出ているような感じである。

迪宮と淳宮を訪ねる嘉仁（青山御所で）

真の近代的君主

明治天皇崩御後の東京はやはり、深い悲しみに包まれていた。三〇日に皇城に集った大衆の「中には声を放って、慟哭するものさへあり」と伝えられていた（「新帝青山に行幸遊ばさる」『東京朝日新聞』、一九一二年七月三一日）。しかし、悲しみの感情がある一方、そこには期待も高まった。『東京朝日新聞』によると「先帝崩御の悲報に慟哭せる幾千万赤子の思ひは、軈て践祚遊ばされたる新帝陛下の聖嘉無窮を嘉ぐの心」へと及んだ。三〇日の朝八時に新帝陛下の東宮御所行幸が行われるとの報を受け、皇城前の大群集が「更に其数を増して、刻々集まるもの其数を知ず」と報道された。そして、陛下が馬車に乗って現れる前に、「一頻りハラハラと雨を落せし空は次第に晴れて、新帝御盛徳のそれにも似たる灼乎たる烈日照り栄えて、炎威焼くが如くに加はる」と伝えられた（「新帝青山に行幸遊ばさる」）。

日本の新聞において嘉仁の践祚が「烈日」の「照り栄え」に例えられたとしたら、外国の新聞においてもそうである。古川隆久が指摘しているとおり、海外においても、明治天皇の偉大なる遺業が、崩御後、大きく取り上げられている（古川『大正天皇』、一一四頁）。しかし、日本でも見られるように、嘉仁に対する期待も少なからずあった。特に皇太子の頃から睦仁よりも二〇世紀の近代を象徴するようになった嘉仁に対して、その期待は大きかったのである。例えば、一八九一年、神戸でイギリス人ロバート・ヤングによって創刊された日刊英字新聞『ジャパン・クロニクル』（*Japan Chronicle*）は八月初頭、「新帝陛下は全然洋西風の御教育を受けさせられ、東宮御所の如きも西洋式の御建築にて、夫としても又父としても、欧州君主と全く同一に御坐し給ふ」と判断し、「この日本に家庭を作れる凡ての在留外国人は新御治世が、先帝後治世の如く偉大にして光輝あり、精神に於て進歩的に、国民のため好結果ある御治世ならん事を謹んで希ひ奉るならん」と「西洋風」の新しい天皇を大歓迎している（「新帝の御治世」『読売新聞』、一九一二年八月六日引用）。海外においては、例えば『ニューヨーク・タイムズ』が一面全体を使って紹介している中で、嘉仁の国民との接近に触れ、「今までの天皇のだれよりも人間に近い存在と臣民から見られるに違いない」と伝え、その理由に「嘉仁は日本の近代的精神に完璧に合致し、色々な意味においても父宮には達し得なかったヨーロッパの風習に染められている」と指摘している。ヨーロッパ的風習として、ヨーロッパ式の東宮御所、洋装好み、一夫一

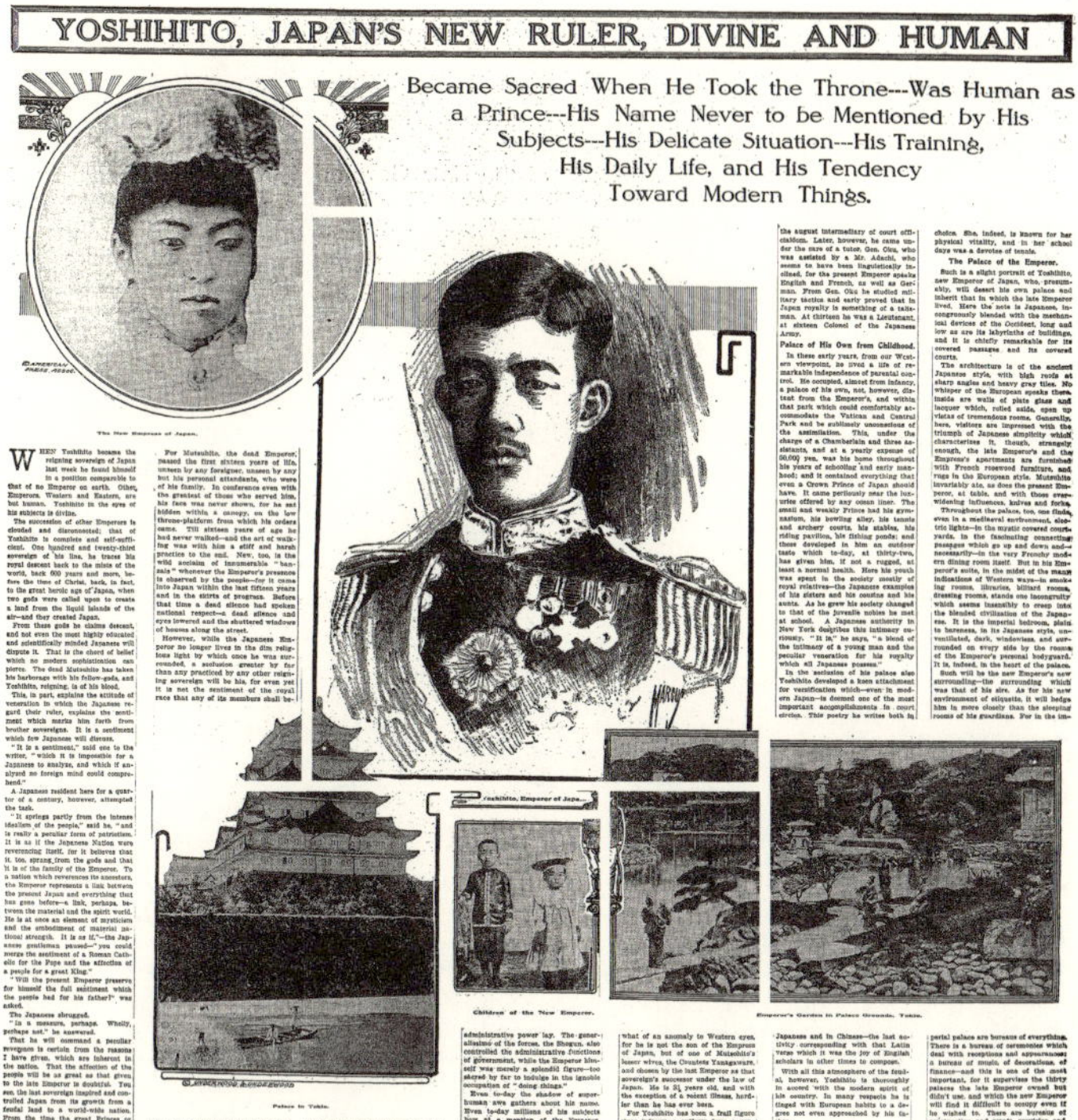

YOSHIHITO, JAPAN'S NEW RULER, DIVINE AND HUMAN

Became Sacred When He Took the Throne---Was Human as a Prince---His Name Never to be Mentioned by His Subjects---His Delicate Situation---His Training, His Daily Life, and His Tendency Toward Modern Things.

The New Empress of Japan.

Palace of His Own from Childhood.

The Palace of the Emperor.

Palace in Tokio.

Children of the New Emperor.

Emperor's Garden in Palace Grounds, Tokio.

Visits to Forefathers' Shrines.

Personality of the New Ruler.

『ニューヨーク・タイムズ』に紹介された記事
（*New York Times*, 1912年８月４日）

婦制の確立、身体丈夫でテニス好きな皇后節子があげられている（"Yoshihito, Japan's New Ruler, Divine and Human," *New York Times*, 1912. 8. 4）。

このような紹介は単なる推測に基づくものではなく、天皇として外国からも徐々に注目を集めてきた嘉仁は新しいファンを失望させなかったらしい。践祚して最初の大きな国務行事であった明治天皇の葬儀において、真の近代的君主として振る舞ったのはそのよい例である。アメリカの有力経済紙『ウォールストリート・ジャーナル』（*The Wall Street Journal*）によると、アメリカの代表として葬儀に臨んだフィランダー・C・ノックス国務長官が天皇から温かい歓迎を受けた。「陛下はアメリカの長老と親しく話し、両国間の親密な関係にふれ、アメリカについて深い知識をしめした。後にノックス夫妻は天皇嘉仁と皇后節子の思召で宮城で陪食した」と述べている（"Secretary Knox in Tokio," *Wall Street Journal*, 1912. 9. 2）。

新しい時代の元首として

一九〇〇年から一九一二年までの行啓を通して、嘉仁の明治国家における存在感は除外し難いものとなった。日清戦争や日露戦争の勝利により、明治天皇の国家元首としての権威が頂点に達し、錦絵や幻灯機を使った巡回上映により、畏れ多いイメージが広がっていったのは確かである。しかし、二〇世紀初頭には、天皇はもう特別大演習以外、行幸を行うことなく、その実体は段々と雲の上へ飛んで行くことになる。

これとは対照的に、皇太子は一〇回以上の行啓でたびたびの大演習の台覧により、象徴的存在から、国民の目には、より実体性をもった存在となる。そして、睦仁の「近代」を支える皇子から自分独自の「近代」を象徴するようにもなる。

皇太子の「近代」とは、二〇世紀初頭の近代である。明治天皇は明治初期の画期的な変化を熱望したことは周知のとおりであるが、一八八〇年代からその願望から心が徐々に離れていったというのも事実である。これは日本の急進的な西洋化に対する明治天皇の「違和感」が原因であるといっても不適切ではない（伊藤『明治天皇』、二八〇頁）。

しかし、より突き詰めると、世代交代の過程であったと言った方が良いかもしれない。睦仁はいまだ統一前の、いわば伝統的なアジア風の農業国家日本の産物であった。これに対して、嘉仁は近代化の最中に生まれ育ち、二〇世紀がもたらす大きな変化に向かって、睦仁よりも順応できる性格であった。一九〇〇年から一九一二年の九州から北海道、韓国にまで達した行啓において、皇太子は統一された、ヨーロッパ風の世界基準に沿った立派な産業中心の近代帝国の象徴となった。

一九一二年七月に偉大なる明治国家の最大の象徴が露と消えたことに対し、日本国民が深い悲しみをもったのは確かである。しかし、新しい時代へと国を導いていける若い元首がすでに養育されていたことは確かに幸運であった。次章はこの若い元首と二〇世紀日本の花盛期とでもいうべき時代に移ってみたい。

第四章　二〇世紀近代国家の天皇

「御簾が巻き上げられ、神聖なる即位の儀に外国人や日本国民の参列が許されたのは時代の推移の目に見える証拠である。以前、天皇が世間と遠く離れていた時代からの神聖なる権威を放棄せずに、歴史上の孤立を破り姿を現すことを承諾した時代にまで変化したのである。昔は国民は参列しなかった。天皇が即位したことを幽かに聞いただけであった。いわゆる新しい時代には式の参列が許された。国民の代表、国会議員が参列し、玉座を囲んだ彼らは新日本を象徴した。」

（『ニューヨーク・タイムズ』、一九一五年一一月一〇日）

1　大正時代の軍隊

儀式的君主として

大正天皇の「無能」の物語を永続しようとする学者は嘉仁が天皇になった段階で、その政治的感覚のなさをよく強調する。古川隆久は、嘉仁が践祚した直後に新内大臣桂太郎の政治的維新に振り回され、元老に首相の人選を命じた後に、自分で後任首相を任命する「軽卒」な行動をし、政治や軍事に関して相手を感心させるような質問をしたり意見を述べたりすることはなかった、などの例をあげている（古川『大正天皇』、一三二～一四七頁）。

しかし、大正天皇がすぐに政治的能力を発揮できなかったのは当然であろう。伊藤之雄によれば、明治天皇も践祚して最初の時期はただ側近の助言を受けるばかりで、自分の考えを出さなかった。自信をもって、閣臣らのいうことを見分けて判断できるようになったのは日清戦争あたりのことで、睦仁が四〇歳代に入り、天皇としての公務を二〇年以上も果たした後のことである（伊藤『明治天皇』、三五七～三五八頁）。嘉仁は結局天皇として、九年間の経験（一九一二年七月から摂政が設定される一九二一年一一月）しかなかったのであるから、その政治的感覚をあまり発達させる時間がなかったのだといっても差し支えないであろう。しかし、実際には原武史も指摘しているように、一九〇六年から皇子との接触が多くなる原敬の日記には嘉仁のしっかりした政治的意思が窺えるのも確かである（原『大正天皇』、一四頁）。

だが、考えてみれば、大正天皇をその政治的感覚で判断するというのは妙な話である。昭和天皇の戦争責任を訴える専門家が裕仁の政治的関与を問題化していることを視野に入れるとすれば（Bix, *Hirohito and the Making of Modern Japan* を参照）、大正天皇により鋭い政治的感覚を求めるのはかなり皮肉なことだとしか言いようがない。一九世紀後半以降は立憲君主制の時代であり、伊藤之雄が適切に主張するように、明治国家の創立者もこの道を熱心にたどろうとしていたのである（伊藤之雄『立憲国家の確立と伊藤博文』)。立憲君主制は絶対君主制と違い、王にすべての権力を握らせない制度であるが、先進国(主にヨーロッパ)の民主化が進むにつれ、絶対君主時代から徐々に薄れてきた君主の政治力がさらに低下し、その儀式的役割がより大きくなっていった(Cannadine, "The Context, Performance and Meaning of Ritual")。天皇になった嘉仁は、したがって、政治的権力者としてではなく、儀式的君主として判断すべきであろう。

二〇世紀初頭の大元帥

原武史が指摘するように、嘉仁は盛大な儀式、記念行事や事業をあまり好まなかったようである。原敬に大演習や即位の礼に関してもなるべく「簡単にしたし」と漏らしたとおりである(『原敬日記』、一九一二年九月一七日、一九一三年一二月一九日)。しかし、儀式的君主制が世界を占めつつあった時に嘉仁が践祚したことは近代日本にとって都合がよかったと言わざるをえない。嘉仁が儀式を嫌ったのは明治天皇と同じことであるが、大正天皇は性格的に二〇世紀初頭の国際的スタイルとぴったり合っているのは睦仁と大きく異なるところであった。天皇になってからの嘉仁は皇太子期において発揮した「近代」をさらに進めて、海外新聞が践祚の報道で指摘したように、新時代の日本を見事に代表している。その「近代」とは力強い、統一した産業国家、かなりヨーロッパ化された近代帝国であった。

嘉仁が、明治天皇の葬儀を除いて、天皇として参列した最初の国家儀式が大観艦式と陸軍特別大演習だったことには大きな意義がある。第三章で見たように、皇太子時代から大演習の参列をとおして、天皇と並んで軍事的権威を徐々に浸透させているが、今度は大元帥となった。近代国家である以上は尊重すべき軍事力をもたなければならない。そして、大元帥になった段階でその軍事力を重んじることは重要な役目の一つである。したがって、睦仁晩年の時にも見られたように、践祚した後の嘉仁の公式旅行が減ったものの、大演習には、依然として頻繁に参列している。

政治に次いで軍事においても嘉仁はあまり切れ者でなかったようである。原武史が示しているように、皇太子が陸海軍御用係の説明に対し、「毫モ御会得アラセラルルノ実ヲ見ル事ヲ得ザル」ことを、東宮武官の千坂智治郎《ちさかちじろう》が一九一〇年七月に海軍次官財部彪《たからべたけし》に漏らしている（『財部彪日記』、一九一〇年七月二三日）。軍事国家が主流となった時代に帝王が軍事をあまり理解していないというのはけっして好ましい事情ではないとしても、立憲君主制の時代であるので、帝王自身は戦略的決断をする立場にはない。上述のとおり、重要なのは形式である。そして、形式の面でいえば、嘉仁は立派な大元帥を演じている。

明治大元帥と同じように、嘉仁は、大演習や観兵式、本番の戦争にも熱心な関心をもっていることが広く伝えられていた。践祚して三ヶ月半後の大観艦式においては、「陛下御乗艦遊ばされし時同時に艦長旗は取卸されて天皇旗は後橋の頂上高く引擧げられぬ陛下は軈て王座に入せて」と堂々とした来着が描かれた後、「陛下には御窓を開かしめ給ふて心行くばかり好晴の海を打見遣らせ給ひ、お船の錨を抜くと共にやがて親閲室に成らせられていと御熱心に御親閲あり」と伝えられている（「御践祚第一次の盛儀」『報知新聞』、一九一二年一一月一三日）。同じ一九一二年一一月の陸軍特別大演習の際に、明治天皇の前例に従い、「朕初メテ朕火カ陸軍ノ特別大演習ヲ統監シ其ノ成績良好ナルヲ嘉ミス。今ヤ宇内ノ軍事ハ日進止マス爾将卒益研鑽努力シ以テ干城ノ重任ヲ完ウセムコトヲ期セヨ」と陸軍を強く励ます勅語を下している（「陸軍特別大演習」『国民新聞』、一九一二年一一月一九日）。

日清戦争や日露戦争の際、明治天皇が大元帥として普通以上に熱心に働き、軍への深い思いが新聞や錦絵において広く伝えられたのは有名な話である。しかし、忘れてはならないのは、大正期にも第一次世界大戦という大きな戦争があり、それが終わるまで、大正天皇も大元帥として非常な働きぶりをしている姿が広くみられている点である。戦争勃発直後は、例えば、「陛下が宣戦の御詔勅を下させ給ひし以来夜御寝殿に籠らせ給ひし以後と雖も軍務上の報告あらば時の如何を論ぜず一刻一時も早く奏上せよかしと勿體なき限りなる御錠を下させられて我が出征将卒の事並に欧州の戦況に対せられ多大の御同情と多大の御興味を有させられ」ると『愛媛新報』が報告している（「畏し『朕の兵士は何を食せりや』との御錠」『愛媛新報』、一九一四年九月二七日）。戦争が終わるころの『東京朝日新聞』においても、「宮殿に遷御まで終日御軍服を替へさせられず、宛然灼くが如き炎天の中にも聊か御苦痛を覚えさせらるる御模様なく、扈従の人々が却て恐れ入る事さへ珍しからずと申」し、「宮殿に在します間にも凡てに御規律正しく、御扇子を御手にし給ふ如きことは殆ど拝し奉ることなし」と伝えられた（「国務多端の折柄とて御避暑も仰出されず」『東京朝日新聞』、一九一八年七月一九日）。これは、明治天皇の時の長時間の勤務、軍服姿やほとんど自我を殺した規律正しい生活と全く同じ雰囲気である。

第三章でもふれたように、明治天皇は私的な外出はあまり好まず、明治初期以来、避暑や避寒の旅行を避けている。これを嘉仁の一八八八年から毎年夏と冬の旅行と比較して、嘉仁の「軽卒」な性格の表れと強調する研究者もいるが、前述のとおり、このような静養のための旅行は一九世紀におけるヨーロッパ皇族の風習であり、格好な近代のシンボルの一つでもあった。嘉仁が天皇になってからもこの風習に従うのは「病弱」や「軽卒」な君主を裏付けることではなく、近代的君主に期待されてもよい行動である。この静養の時間が濫用されない期待も当然あったので嘉仁は、明治天皇の日清戦争や日露戦争における勤勉な姿に倣い、戦争中はこの避暑や避寒の旅行が延期されることもあった。先ほど引用した『朝日新聞』の記事はまさに、勤勉に務めている嘉仁の避暑の延期を発表する報道であった（「国務多端の折柄とて御避暑も仰出されず」）。

増強される軍事力

このように、大正天皇の大元帥としての姿は明治天皇のそれと似たところが多い。しかし、嘉仁の場合は、やはり二〇世紀の気配がはっきりでている。例えば、その規模である。以上、見てきたとおり、日本の陸海軍は日清戦争と日露戦争の間に倍以上拡大している。日露戦争当時の大元帥としての明治天皇の責任は、したがって、前例のないものであり、伊藤之雄が指摘しているように、不安とストレスが重くかかっていたのである（伊藤『明治天皇』、四〇三頁）。

この明治天皇が晩年に初めて抱えた大規模な軍事力が大正天皇の治世においては伸びる一方であった。例えば、践祚して最初の大観艦式は盛大なもので、明治天皇の葬儀を反映して横浜市中は比較的「静粛」だったものの、観艦式は一九〇五年一〇月の「大捷記念」の大観艦式に劣らないほどの行事となった。一九〇五年と同じように、「二百の艨艟は威容堂々として横浜港頭に整列し」たと伝えられ、「横浜市中の各旅館が客の謝絶に困じ居たる」ほど、見物人が港の方へ殺到した（「本日の大観艦式」『報知新聞』、一九一二年一一月一二日）。

大正天皇の軍隊は、要するに、最初から明治期の最大レベルに比されるもので、戦争がなくても、日露戦争の「大捷」の熱狂ぶりを鼓舞するものであった。そして、一九一四年八月に戦争が勃発すると、やはり日露戦争以上の盛り上がりが見えた。即位大礼に伴う一九一五年一二月の特別大観艦式に参列した軍艦の総トン数は六〇万トン以上あり、一九〇五年の二三万トンを遙かに超えた（「参列艦合わせて六十万トン」『時事新報』、一九一五年一一月二三日）。当時の軍令部長、島村速雄は一九〇五年の大観艦式において、日本は「世界に誇るに足る大艦隊と認めていましたが、今日となって見れば扶桑以下の四戦艦のみでも尚ほ当時の海軍全体を圧倒するに足るのです」と誇らしげに語っている。「文明の進歩のみは実に測り知る事が出来ぬ位です」と（「海を圧す六十万頓」『東京朝日新聞』、一九一五年一二月四日）。

島村海軍大将が示唆しているように、大元帥としての嘉仁の姿はもう一つの意味で睦仁のそれと異なる。それは技術の面である。第三章で見たように、嘉仁は皇太子当時の行啓において、国民の目からは二〇世紀初頭の新しい技術（電話、電灯、カメラなど）と関連づけて見られるようになった。それは産業国家の発達の反響だけでなく、嘉仁自身の好みを反映するものであった。明治天皇と違って、これほど新しい技術に熱心な皇太子が二〇世紀初頭に天皇になったのは日本国にとって幸運と言わざるを得ない。その好奇心をバネに、日本の近代化がひときわ大きく奨励されたと思われる。

スミスの宙返り飛行（絵葉書）

第三章で見たように、嘉仁の好む近代実用品の一つに双眼鏡があげられるが、この愛用品は観艦式や大演習で大いに役立ち、大正天皇が陸海軍の活躍を双眼鏡で熱心に天覧している姿がたびたび見られる。一九一三年一一月の名古屋における軍事大演習では、「戦機漸く熱するの頃陛下には双眼鏡を御手に城の北方尾張平野の一帯より東方山岡地に到るの戦況を最も御熱心に御観戦遊ばさる」と伝えられている（「わが国初の夜間飛行」『大阪朝日新聞』、一九一三年一一月一六日）。

しかしながら天皇自身が愛用したものより、陸海軍が導入した新しい技術の方がここでは重要で、嘉仁が天皇になってすぐに二〇世紀の戦争に大きな活躍をする二つの新しい武器がすでに導入されている。飛行機と潜水艇である。一九一二年の大観艦式と特別大演習において飛行機が初めて大活躍して話題となり、一九一三年の大演習には日本最初の夜間飛行が見られた。そして、一九一五年の大観艦式には潜水艇が登場している（「海に浮ぶ六十万噸」『国民新聞』、一九一五年一一月二一日）。大正天皇はこの行事を天覧するだけでこの最先端の軍事技術を促進することになるが、新しい技術工芸の大ファンとして知られている嘉仁のことであるからこそ、日本の前向きの姿勢が大きく伝えられる結果となったのである。一九一二年の大観艦式において、嘉仁が水上飛行機の活躍を「御機嫌殊に麗はしう見えさせ給」った。そして、「陪従の近臣諸氏に向はせて」と、国民に向かってその感激がわかりやすく表現されており、なおさら「有難き御列」だったのである（「御践祚第一次の盛儀」）。

第一次大戦と嘉仁

規模や技術的側面に次いで、もう一つの意味で大元帥嘉仁が睦仁と異なっていたことは国防の範囲においてである。日清戦争や日露戦争も一年前後の、二国家間に限られたもので、両戦争とも一九世紀の典型的な戦闘だった。しかしすべての予想を破って、四年以上も長引き、世界の多くの国々を呑み込んだ第一次世界大戦は全く異なる時代を到来させた。日本の国民にとって、この世界初の大戦は日清戦争や日露戦争ほどの実感性をもたらさなかったとしても、戦争は戦争であり、先ほども見たように、嘉仁大元帥はさすがに、大戦勃発の四年後も、避暑の旅行を延期するほど、戦争中のあるべき規律を保っていたと伝えられている（「国務多端の折柄とて御避暑も仰出されず」）。

ヨーロッパで起きたような惨事が日本列島を襲わなかったとはいえ、日本は世界の大戦に参加するだけで、初めて国際政治の大舞台へと押し出された。軍事力に関しては、一九一四年の秋から、日本は史上初めて同盟国として外国の戦力と軍事行動をともにした。一一月には帝国陸軍はイギリス軍の連合軍とともにドイツ東洋艦隊の本拠地の青島《ちんたお》と膠州湾《こうしゅうわん》を攻略し、一九一七年から、帝国海軍はインド洋と地中海で、連合国側商船の護衛と救助活動を行った。一九〇五年の大観艦式に「大捷」の記念として外国の戦艦（イギリスとアメリカ）が初めて登場しているが（「万世に輝く連合艦隊凱旋式」）、一

連合国元首を描いた絵葉書（中央が大正天皇）

九一五年の大観艦式、戦争の真っ最中においても、日本の戦力の新しい世界的意義を反映して、アメリカ・アジア艦隊の旗艦サラトガも参列している。親閲の後、大正天皇はサラトガ艦長モーゼス大佐を含む一〇数名の外国武官に向かって、「今や列国海軍の趨勢は、汝等将卒の努力に俟つもの尠なからず。汝等ますます奮励せよ」と激励の勅語を出している（「満艦飾の百十五隻をご親閲」『時事新報』、一九一五年一二月五日）。

この外国の将校達を励ますなどということはいかにも新時代の風景である。第一次世界大戦においては、大正天皇は日本兵の安全への配慮以外に、初めて世界の遠く離れた地域の事情に関心を表せざるを得なかった。それは、皇太子の頃から海外旅行に憧れた嘉仁にとって苦痛ではないことで、日本国民に受け入れられやすいことでもあったであろう。大戦勃発直後の『愛媛新報』は、天皇が「我が出征将卒の事並に欧州の戦況に対せられ多大の御同情と多大の御興味を有させられ」と伝えた。特に、最近のレンベルグ付近のオーストリアとロシアの戦いにおいて両軍の食不足の話を内山小二郎《うちやまこじろう》侍従武官長から聞き、「深くこの事に御興味を覚えさせ給ひて熱心に御下問あらせ給ひ上直ちに大御心を我が出征将卒の上に及ぼさせ給ひ我が出征将卒は上陸早々水禍の為め完全なる食料を摂取し得ざりしならずや」とまで配慮している姿が描かれている（「畏し『朕の兵士は何を食せりや』との御錠」）。

2 「産業御奨励」に沸く日本

産業国家を象徴する天皇

嘉仁は天皇として、二〇世紀の大元帥という役を見事に演じたとしたら、産業国家の立派な代表でもあった。第三章で見たとおり皇太子期の嘉仁は行啓において「産業御奨励」との評判が広く知れ渡ったが、天皇になってからも、依然としてそのイメージは根強かった。一九一四年九月二七日の『愛媛新報』においては、「富国の大本を思はせ給ひ種々殖産興業に御軫念あらせらるるは近侍の者の事毎に感激する處なりし」と伝えられている（「畏し『朕の兵士は何を食せりや』との御錠」）。

しかし、第一次世界大戦勃発後の日本産業はそれ以前のものと比較にならないほど厖大なものとなった。二〇世紀の世界経済は第一次大戦を境にはじめて成り立ったと一般的に言われているが、日本の場合もそうである。一九一〇〜一四年から一九二〇〜二四年の間、輸出は三倍にも増進し（皿木喜久『平成日本の原景——大正時代を訪ねてみた』、七二頁）、日本は一九一六年までに史上初めての国際収支黒字を記録した。この黒字に伴う産業ブームは日本の国内総生産成長率を一九一三年から一九二二年の間に、世界の平均基準より高い五・二一パーセントにまで伸ばした（竹村民郎『大正文化帝国のユートピア』、一三三頁）。経済において、一九〇〇年代の日本は明治初期とかなり違うことは以上に見たとおりであるが、第一次世界大戦中の日本はなお一層飛躍した基準に達したのである。

東京大正博覧会

その新しい基準を予言するかのように一九一四年三月から七月の間に東京大正博覧会が上野公園（第一会場）、不忍池付近（第二会場）や青山練兵場（第三会場）において開催された。博覧会は本来、日露戦争を記念するものとして計画されたが、ロシアからの賠償金が獲得できなかったため延期された。以後、戦後恐慌で中止となっていたが（古川『大正天皇』、一六二頁）、経済が徐々に回復し、嘉仁が践祚すると、良い機会だとばかりに、新しい天皇を祝うもう一つの祝祭行事となった。

博覧会は最先端の技術や産業発達の印を展覧して、国民の注目を集めた。例えば、第一と第二会場の間はエスカレーターで結ばれ、第二会場の池を横断するためにロープウェーが設けられた（古川『大正天皇』、一六二頁）。鉱山館には金、銀、銅、鉛、石炭、硫黄、硫黄鉱、軽油、重油、アンモニアなど、産業に欠かせない原鉱、及び精製品が数々展示されていて、「富の世界のいかに広きかを誇っていた（「天下の富を集めた鉱山館」『時事新報』、一九一四年三月一五日）。運輸館には、最先端の交通機関である汽船の雛形が設けられ、船室の模様などが見られた（「華やかに開場式、午後から一般客も入場」『時事新報』、一九一四年三月二一日）。そして、四月一八日には史上初めての博覧会訪問飛行が行われ、何機かの陸軍飛行機が順番に会場の上空を飛んで円形飛行をしている（「初めての訪問飛行を実地」『東京日日新聞』、一九一四年四月一九日）。

東京大正博覧会にも、大正天皇はやはり重要な儀式的役割を果たしている。六月一七日の朝一〇時ごろ、大隈重信《おおくましげのぶ》首相、加藤高明《かとうたかあき》外相ほか閣僚をはじめ、久保田政周《くぼたきよちか》博覧会会長も含む歓迎会に迎えられ、馬車で午後三時まで、数多くの陣列館を見て廻っている。その中でも、産業関係のものが多く天覧され、例えば、鉱山館には「日本石油各種の模型等は殊に御注意あり、かの秋田黒川の『石油の海』『大噴油の光景』等の写真を御覧ぜられ」た。第二興業館では「岡山県の輸出花筵、藺細工、静岡の製茶、日本麦酒会社、製糖会社の出品並びにその電気装飾等、いずれも御興味を以て御覧ぜられ」、第三興業館では「長崎の鼈甲細工、鹿児島の錫及び珊瑚細工、東京市の輸出金属工芸品、同象牙細工、文房具組合の出品等に御意を注がせられ」た。外国館では「エジソンの活動写真機、ライチングサンの機械類」を見て、「シンガーミシンの襯衣及び刺繍作業を御覧」の上、清涼水壜詰の作業を見、「飛沫の濺ぐをも厭わせられず機械の側近く寄り給い、約五分間ばかり御興味深く御覧あり」と報道された。運輸館ではまもなく落成するはずの鉄道の中央停車場（現在の東京駅）の模型と伏見丸の船室を見、染織本館では「足利の輸出向き絹織物等を御覧あって、金額等を御下問あり」と伝えられた（「天皇行幸、各館をご巡覧」『東京日日新聞』、一九一四年六月一八日）。

東京大正博覧会時に発行された絵葉書
（写っているのは上野公園山上の第一会場と不忍池畔の第二会場を結んだエスカレーター）

大正博覧会における鉱山館（右）と林業館（左）

博覧会は未曾有の行事として同時代人に受け止められた。規模的には日本史上最も大きな博覧会であったが、総入場者数も七四六万人を超え、最多を記録した（原『大正天皇』、一六二～一六三頁）。久保田会長によると「今度の博覧会では科学工業、機械、建築の三ツが、以前の博覧会に比して著しく進歩していたと信ずる」ということである（「入場者総数七百四十二万人で閉幕」『時事新報』、一九一四年八月一日）。

自動車と活動写真

こうして、日本も二〇世紀の真の産業国家になろうとしていたが、嘉仁の新しい技術に対する強い憧れは依然として、その発達に大きな拍車をかけている。皇太子の時代には特に双眼鏡やカメラがお気に入りであったのは以上に見たとおりであるが、天皇になってからの嘉仁は、より最新の技術二つを大いに奨めている。自動車と「活動写真」である。

自動車に関して、皇室でこの新しい技術製品をまず一番熱心に追求したのは嘉仁の東宮輔導を勧めたイギリス通の有栖川宮威仁であった。威仁親王は嘉仁がまだ皇太子の頃に自動車をイギリスから購入し、東北巡啓の時（一九〇八年九～一〇月）にも使ったことがあったが、自動車がより大きな話題となったのは宮内省が馬車の代わりに自動車の使用拡張をしようと決めた一九一三年頃であった。この決定とともに嘉仁の自動車好きが、報道されるようになった。一九一三年四月一〇日の『時事新報』は、「曩に英国より到着したる御料自動車に御試乗の思召あり」と伝え、天皇の「自動車に浅からざる御経験」を紹介している。それは、以上の東北巡啓の話のほかに、遙か一九〇〇年までさかのぼり、当時の皇太子に「在米同胞」から結婚祝いに、電気発動機の自動車が贈られたと伝えている（「自動車の御試乗」『時事新報』、一九一三年四月一〇日）。実際、古川隆久も指摘しているように、これはサンフランシスコの日本人移民からの献納品で、ブレーキの操作ミスで三宅坂の濠に転落し、皇太子が乗用することはなかった。そして、最近の研究において、日本初の自動車はこれより二年前に輸入されていることが明らかになった（古川『大正天皇』、六九〜七〇頁）。しかし、『時事新報』などにより、皇太子嘉仁への献納品が「之ぞ我国に於ける最初の自動車とも申すべく」とされ、以来これが日本初の自動車であったという神話が出来上がるに至ったのは、嘉仁といえば新技術を思い起こさせるようになったことを示唆しているといえる。

自動車に乗る有栖川宮（1905年）

自動車と大体同じ時期に普及し始めた新しい技術に映画（当時、活動写真）があげられる。東京大正博覧会の外国館において、大正天皇が活動写真機を特に興味深く天覧したのは以上見たとおりであるが、このころから天皇がこの新しい技術を実際利用しているところが徐々に流布され出した。一九一六年四月には、例えば、嘉仁が京都の伏見宮邸で大礼の光景、「欧州大戦」の「壮快極まる活動写真」、そして、世界的に有名な曲芸飛行家、米国のアート・スミスが日本で行ったばかりの巡業飛行の映像を楽しんだと伝えられている（「伏見宮邸で能、活動写真など天覧」『東京日日新聞』、一九一六年四月一七日）。自動車や「活動写真」が国民の間で広く楽しまれるようになるのは第一次世界大戦後のことであるから、大正天皇下の皇室がいかにこの新しい技術の導入の先端に立っていたかは充分窺えるところである。

3　皇室と国民の接近をめざす

「民本主義」の象徴として

第三章で見てきたように、行啓を通して、皇太子嘉仁は政治的な意味においても睦仁が象徴する「近代」と異なる日本を代表することになった。一言でいえば、統一国家の日本であるが、この二〇世紀初頭の政治的進歩は、第一次世界大戦に入ると、また一層進むことになる。日清戦争以後が統一国家の時代であるとしたら、第一次世界大戦勃発後は民本主義の時代に入る。この時代最大の勇士、東京帝国大学教授の吉野作造《よしのさくぞう》が「民本主義」の理念を打ち出したのは一九一六年一月のことで、日本史上初の本格的政党内閣が成立するのは戦争が終わる直前の一九一八年九月のことである。嘉仁が皇太子時代に統一国家を立派に象徴していたとすれば、天皇になってからは「民本主義」日本を見事に代表することになるのである。

以上にも見たように、大正天皇の政治的観察力や権威を問題化する学者もおり、その権威が弱いだけでなく、日本政治の発達を妨げるほどであったと論ずる人もいる。実際、古川隆久が主張するように、嘉仁が政治的により巧みであれば、その短い治世の幾つかの問題を免れたかもしれない。一例を挙げれば、一九一三年に嘉仁は桂太郎内大臣の言いなりになって、桂の首相復帰を許し、憲政擁護運動やいわゆる大正政変に拍車をかけたといえる。また、一九一六年には、元老の間に一致合意がないまま、山県有朋《やまがたありとも》の推薦に従い、世論が望まない寺内正毅《てらうちまさたけ》元帥を首相に任命して、政界を騒がせたこともある（古川『大正天皇』、一三三、一七九頁）。

しかし、大正天皇の政治的行動が「民本主義」への推移を結果的には必ずしも推し進めることはなかったにしても、国民の目からみれば、嘉仁は新しい時代の新しい政治を象徴する大きな存在であったのは明白である。第三章で見たとおり、皇太子嘉仁の自由で広い範囲におよぶ旅行が「皇室と人民との接近」を著しいものにした。天皇になって、新時代のより自由な政治を象徴するように国民に期待されるのは当然であろう。

この期待は憲政擁護運動におけるはやり言葉を見れば明らかである。政府が国民の望まない方向に政策を運んでおり、重臣が天皇と国民の間を妨害しているというような言い分がこの時期、しきりに言われるようになる。板垣退助《いたがきたいすけ》の憲政擁護土佐同志会は一九一三年一月に提出した上奏文において、「臣等……今や陛下と国民の間に介在して……」と訴えているが、「彼等は玉座を以て胸壁となし、勅語を以て弾丸に代えて政敵を倒さんとするもの」という帝国議会における尾崎行雄《おざきゆきお》の有名な批判もある。古川隆久は、この尾崎の発言は明治期にはあり得ないことで、政界における大正天皇に対する信用のなさを裏付ける話であると論じている（古川『大正天皇』、一三七～一三八頁）。しかしながら世界の君主制の流れと行啓において明白となった国民の嘉仁に対する大きな期待から見れば、尾崎の発言は「皇室と人民との接近」という新しい理念から主張されていることは充分考えられる。

嘉仁と大隈重信

大正政変において、国民の新しい政治に対する期待が叶えられなかったものの、一九一四年四月になると、希望がまた湧いてきた。早稲田大学総長の大隈重信元総理大臣が再び首相役を演じることに承諾したからである。大隈は「長閥出身の軍人」桂太郎と対照的に「我が国における立憲政治の最初の主張者」として歓迎され、その新しい内閣が「憲政の一進歩」に見えた（「理想には違いが憲政の進歩と『東京朝日』」『東京朝日新聞』、一九一四年四月一七日）。

この新しい時代の内閣と見えたものに大正天皇は最初から密接な関係があるように思われた。内閣成立当時の『読売新聞』によると、大正天皇がこの立憲政治の勇士と一八九八年から交際があった。そして、それは皇太子として異例なものであった。初対面は第一次大隈内閣成立直後の首相新任挨拶の時で順当なことであった。しかし、内閣退陣後、嘉仁自身が意外にも在野政治家の大隈の自邸やその早稲田大学を数回も訪問していると伝えられている（『読売新聞』一八九八年一二月三日、古川『大正天皇』、一六七頁引用）。

よく知られているように、嘉仁は実際皇太子時代から大隈に好感を抱き、首相在任中（一九一四年四月～一九一六年一〇月）は常にその意見を尊重した。大隈は性格が開けており、感情豊かで、面白い話をよく聞かせていた（大隈侯八十五年史編纂会編『大隈重信八十五年史』、第三巻、三五四頁）。その上、元老山県有朋と違って、嘉仁を睦仁とむやみに比較をしない主義でもあった（『原敬日記』、第四巻、一六六頁〔一九一六年四月四日付〕）。

嘉仁と大隈の実際の関係はどうであれ、国民には大正天皇とこの立憲政治の勇士の内閣が一致しているように見えた。それがより明白にでたのは一九一五年に行われた即位の大礼においてである。皇位継承の誕生、立太子礼、結婚式が近代国家が創立し以来、初めて行われたのが嘉仁の時であったと同じように、一九一五年の儀礼もまた近代における日本の最初の大礼となった。したがって、以上の行事と同じように、前例のない儀式として計画され、政府は「登極令公布以後、初めて挙行し給ふものにして、其の儀制は、巨細となく、永く軌度を御世に貽すものなり」と、嘉仁の治世において近代国家の即位のモデルを作ろうとしたのである（古川『大正天皇』、一五四頁引用）。

大正博覧会に向かう大隈首相（1914年３月）

立太子礼や結婚式においても見たように、嘉仁の大礼は睦仁の時とまたしても対照的であった。睦仁の場合は京都の宮

大典記念博覧会場（京都・岡崎，1915年）

中、限られた集会の中で儀式があげられたが（『明治天皇記』、第一巻、八〇四〜八一三頁）、一九一五年の行事は国民一般が祝賀できる大礼となった。そして、この一九一五年の儀式は一五年前の結婚式よりも盛大なものであった。

即位の大礼

大礼は一一月一〇日の即位礼、一一日の賢所御神楽の儀、一四日夕方から一五日早朝にかけての大嘗祭という順で進められたが、この前後に、ほかに関係行事が数々行われた。例えば、大礼の一ヶ月前から京都の岡崎公園で市主催の大典記念京都博覧会が開催され、産業関係の展示とともに大礼の状況を紹介する大礼館も備えられた。同じ時期に、華やかな装飾で花電車に化けた路面電車一〇台も京都市内を走り回りにぎやかな雰囲気になった（古川『大正天皇』、一五五頁）。天皇の東京からの出発（一一月六日）と還り（一一月二八日）は市民の長い列に囲まれ、一一月二八日の方には三〇〇万人が出迎えた（「東京にご還幸」『時事新報』、一九一五年一一月二九日）。大礼直後は、結婚式でも見られたように、天皇が千人あまりの式典参列者を祝宴会に招待している。そして、一二月に入ってからは、以上もふれた即位記念の大観艦式が開催され、一日から一九一六年三月三一日までは紫宸殿前庭、大嘗宮や二条離宮が一般公開されている。参観者は予想以上の五一八万人をも超えた（古川『大正天皇』、一六一頁）。

大礼そのものは二つに分かれ、朝の賢所大前の儀と午後の紫宸殿の儀が行われたが、両方に皇族、大礼使職員、高位高官、貴衆両院議員、外国人大公使など二千人あまりが参列している。朝は七時から「参入の馬車、自動車、人力車引きも切らず、海軍水平の一隊、軍楽隊を先頭にして喇叭を吹奏し行」った（「即位礼当日の雑観」『大阪毎日新聞』、一九一五年一一月一一日）。午後の儀式は三時頃、軍楽隊による「君が代」によって始まり、天皇が大礼勅語を朗読した後、三時三〇分ちょうどに、日本全国がお祝いの言葉を一斉に贈っている。『大阪毎日新聞』によると、京都では「師団と第二艦隊の礼砲がドンと百一発の初発を響かしたと同時に、全市の電灯が一斉にパッと点く、諸船舶、諸工場の気笛が一斉に鳴り出す。これを切っかけに今まで全速力で走っていた電車がピタリと止まって、諸学校、官衙の生徒、役人は云うに及ばず、諸会社、諸銀行では執務中の人々が一度に突立って、『ばアーンざい』をありったけの声と響きで三唱、長唱」したと記録されている（「全国同時一斉に『万歳』」『大阪毎日新聞』、一九一五年一一月一一日）。東京の浅草では、ちょうど三時三〇分、「浅草寺を合図に、活動写真はいずれも映写を中止し、弁士の音頭で万歳を三唱し」、本御の大学病院では「足腰の立つ患者は寝台の上に起き上がって奉祝し」たと伝えられている（「提灯行列、旗行列、神輿も繰り出した東京」）。祝典における「万歳」発声の始まりは、よく言われているように、憲法発布式においてであるが、嘉仁の大礼では、一八八九年当時に想像出来ないほど全国的な行事となった。『大阪毎日新聞』が「『万歳』あって以来の最高レコード」と指摘し、「国民として無前の愉快を感じた次第である」と結論づけている（「全国同時一斉に『万歳』」）。

このように、大礼において今までにないほど日本人の「国民」としての意識が形成されたのは充分想像できる。大礼が立憲政治の有力主張者大隈重信の内閣下で行われたのはこの意識形成とは無関係ではない。睦仁の時とは違い、日本人が大礼を広く祝っただけでなく、京都の宮中における行事そのものに、初めて「国民」も参列していたのである。国民の代表である、大隈総理大臣が大礼の儀式で中心的な役割を果したからである。朝は賢所大前の儀に参列した初めての首相となり、午後においては、天皇の勅語に次いで、寿詞（祝辞）を読み上げた後、全国におよぶ「万歳」の第一声を発したのも大隈首相であった。新聞は、この大礼の新しい重役となった総理大臣について大きく報道し、「その声いかにも大にしてかつ強き響きあり」といい、「気魄壮年を圧する概ありて、世にも頼母しくも聞かれたり」とでも歓迎している（「大隈首相が寿詞奏上」『大阪毎日新聞』夕刊、一九一五年一一月一一日）。

天皇と国民の一体感

大隈は大礼において大きく活躍しただけでなく、その行事の偉大性を国民に伝える大きな役割も果たしている。紫宸殿の儀の後に旅館八木別邸に引き下がった総理大臣は、新聞記者のインタビューに応じ、一日の出来事を解説した。「我輩は総理大臣として重大なる任務を奉仕し、六千万人の臣民を代表して寿詞を奏し」た。そして、「特に我輩をして痛切に感ぜしめたのは、午後三時三十分、我輩が南邸の左近の桜と右近の橘との間、万歳旛の前に立って万歳を叫んだ時で、第一声は肺腑からの声を絞って呼んだ。そうして参列員が一斉にこれに和した。さらに第二声の万歳を叫ばんとした刹那、御苑内に密集して居た国民の声が起こるとともに、祝砲の響きと気笛及び梵鐘の音とが一時に鳴り渡って来た。高御座に坐します陛下の龍顔いよいよ御晴れやかに、御代万歳の輝きはこの高御座より発するかに拝せられたのである」と天皇と国民の意思の疎通を華やかに強調している（「我輩も口がこわばった、と大隈首相」『大阪毎日新聞』、一九一五年一一月一一日）。

大正大典の道路装飾
（京都〔烏丸四条下ル北向き〕，1915年）

新聞に出る報道と実際起こったことには大きな隔たりがあることもある。『原敬日記』によると、例えば、この紫宸殿の儀に天皇の朗読は後半の方しか聞こえなく、大隈の発声も予定より遅れて、外ではすでに万歳の声や礼砲と気笛が聞こえたり、首相が殿上から降りる時に天皇にたいして後ろ向きになったこともある（『原敬日記』、第四巻、一四二～一四三頁（一九一五年一一月一〇日付））。古川隆久はこれらをもって、儀式が「不体裁」であることを強調している（古川『大正天皇』、一五九頁）。

しかし以上にも指摘したとおり、重要なのは実際起こったハプニングではなく、広く国民に伝えられたイメージである。夕刊の『大阪毎日新聞』は「新たなる大君を迎えたる国民の喜びはひとしお増しぬ」と（「荘厳に、華麗に幕開く」『大阪毎日新聞』夕刊、一九一五年一一月一一日）、いかにも予想どおりに報道されているように聞こえる。しかし、「国民」と呼ぶこと自体に、より広範囲の「民本主義国家」が象徴されているように考えられる。大礼の儀によって、国民の代表大隈重信総理大臣を通して、皇太子時代にすでにみた「皇室と人民との接近」が一層確かなものになったのである。「国という国の世にも多けれど、かくばかり上下心を合わしての唱和はあらじと思われたり」と『大阪毎日新聞』が結論づけている（「大隈首相が寿詞奏上」）。

4 帝国としての近代日本

第一次大戦と日本帝国

皇太子嘉仁は一九〇七年の韓国への行啓において、近代日本に欠かせないもう一つの要素――帝国――を見事に象徴することになったのは第三章でふれたとおりである。日本列島以外の新領土に足を踏み入れたこと自体は睦仁と大きく異なるところであったが、天皇になってからの帝国日本はまた一層、明治期とかけ離れたものとなった。

明治天皇が日清・日露戦争を指揮した際、日本は地域的強国という立場を目指し、特に台湾や韓国における権利を追求していた。しかし、軍事、経済や政治の分野においても見てきたように第一次世界大戦は日本の思惑に大きな変化をもたらした。一九一四年八月の戦争の勃発とともに帝国日本の目標は中国や太平洋の方へと集中していく。帝国海軍は一九一四年一〇月に赤道以北のドイツ領南洋諸島を占領し、陸軍は一一月にドイツ東洋艦隊の本拠地青島と膠州湾を攻略した。したがって、大正天皇の下に、帝国日本はアジアの地域的強国から、初めて太平洋にも及ぶ大帝国となり、一九一五年の日清条約（いわゆる「対華二一ヶ条要求」）によって、中国における列強最大の権力を握るようになる。

　この「欧州大戦」の際の太平洋や大陸への進出は太平洋戦争へと繋がるものとして、近代日本史の通説において悪評高い行動である。しかし、ここで覚えておかなければならないのは、二〇世紀初頭はまだ近代国家に膨大な軍事力や帝国が欠かせないこととされ、その国力を戦争に訴えても伸ばすべき時代でもあった。したがって、ヨーロッパの国々は次々と参戦し、日本においても戦争は広く歓迎された。福沢《ふくざわ》諭吉《ゆきち》の慶応義塾出身でジャーナリストの石川《いしかわ》半山《はんざん》は、「我輩は欧州大戦の報を喜び、其の東方に及ぼす影響を考へ、此の機会に於て日本国民が大活動を試みんことを望んで止まない者で有る」と叫んでいる（石川半山「結局支那問題」『中央公論』、一九一四年秋期大附録、七一頁）。そして、『朝日新聞』の中野《なかの》正剛《せいごう》も、京城から「欧州に事あるは、我人の東洋に驥足を伸ばすべき絶好機会なり」と促している（中野正剛「対戦乱と国民の覚悟」『日本及日本人』、一九一四年九月一五日、二四頁）。

　この文脈から見れば、第一次世界大戦における帝国の拡大はすなわち近代日本の大きな誇りであったのは明らかである。日本の軍事目的が次々と達成されていくからこそである。ヨーロッパにおけるドイツに対する戦いは、予想を遥かに超えて四年以上も長引いたが、日本の対独戦線は早々と勝利を得た大戦の唯一の例だったのである。いわゆる「対華二一ヶ条要求」も二〇世紀初頭の世界において珍しいことではなく、日本は日清戦争以後列国が中国に対して求めたものを一括して要求しただけである（Frederick R. Dickinson, *War and National Reinvention*、第三章参照）。実際、この要求も日本において大きく歓迎され、「民本主義」最大の勇士吉野作造も日清交渉の最中、「今日各国の競争から遺されて居る部分を隈なくあさって、そこに鉄道の敷設権なり、鉱山の採掘権なり、その他日本の勢力或は利権を設定増進するあらゆる手段を尽すのが必要である」と強調している（吉野作造『日支交渉論』第三章の三、松尾尊兊編『中国・朝鮮論』、二四頁引用）。

日清・日露戦争は明治天皇を近代国家の中心的存在に固定したことは以上ふれたとおりである。しかし、同じように、第一次世界大戦は大正天皇を明治期では考えられないほどの大帝国の中心的存在に固定したと言える。前述のように、嘉仁の戦争中の熱心な働きぶりや軍への深い配慮が広く伝えられた。そして、その配慮の範囲がいかに広いかも常に見られるところであった。

幅広い世界観

戦争勃発以前からも、大帝国の帝王としてのイメージは徐々に浸透していた。例えば、一九一四年の東京大正博覧会では朝鮮館、台湾館や拓殖館があり、嘉仁が六月に訪問した際に、これらを一つ残らず熟知していることが報道された。朝鮮館では「御曾遊の地と申し、かつ新日本発展の上よりその出品に御留意あり、山県総監の説明を聞こし召され、御機嫌斜めならず拝せられぬ」、台湾館では「台湾全島の大模型を御覧ぜられ、討蕃の状況をつぶきに御下問あらせらる」、そして、拓殖館では、「南洋土人」二四人に迎えられ、「陛下には顧みさせられ、御微笑遊ばされぬ」と伝えられた。「拓殖」と本来無関係な陳列館においても、嘉仁の広い範囲の世界観があらわに出ている。美術館では「殊に金田金次出品の象牙彫りのバナナ及び乾葡萄の実物そのままの出来栄えには、長く御足を停めさせられぬ。こは陛下には平素、殊の他バナナを御嗜好あるやに承わる」と報道されている（「天皇行幸、各館をご巡覧」）。嘉仁の世界には熱帯産果物も当然のように含まれていたのである。

大正博覧会においてすでにそうであればなおのこと、戦争が勃発してから、嘉仁の大帝国の帝王としてのイメージはいよいよ明らかになっている。以上にもふれたとおり、一九一四年八月以後の嘉仁は日本兵の安全だけでなく、遠く離れたヨーロッパの戦闘の成り行きに対する関心も高いことが広く伝えられた。そして、日本は世界におよぶ大戦に参戦しているとするなら、一国のためでなく、より広範な目的のために戦わなければならない。八月二三日の宣戦詔書においては、帝国の防衛のためでなく、ドイツの艦艇が「東亜の海洋に出没して帝国及び與国の通商貿易に威圧を受け極東の平和は正に危殆に瀕せり」という観点から日本が宣戦しているとされている（「宣戦詔書」『大阪朝日新聞』、一九一四年八月二四日）。

日本の公式の戦略構想が「欧州戦乱」とともに一気に広くなっていくにつれ、新しい領土獲得が帝国そのものの枠をも大きく拡大している。これは政府重臣が想像していただけでなく、より広く国民の間に思われていたことのようである。大礼の儀における「万歳」を通して、新しいレベルの「国民」が見られたのは前述のとおりであるが、『大阪朝日新聞』によれば、それは日本列島に止まることではなかった。「無論、この時刻に北は樺太、南は台湾、満州、朝鮮、その他一人以上の日本人が住んでいる処では、この万歳を呼ばわったはず」であると伝えている（「全国同時一斉に『万歳』」）。

ここでは、帝国日本の注目すべき新しい勢力範囲に対する誇りがあらわにでている。そして、この親善関係の誇りが「皇室と人民との接近」をまた一層強めていると嘉仁には見えたようである。一九一六年頃に詠まれた和歌に、嘉仁は「年どしにわが日の本のさか行くもいそしむ民のあればなりけり」とある（古川『大正天皇』、一五二頁引用）。帝国日本の著しい発展を通して、国民と天皇の共和への希望が見受けられる。

ヨーロッパとの交流

結婚式や行啓において、嘉仁が二〇世紀初頭、世界流行のヨーロッパ的スタイルを日本で最も熱心に踏襲したことは以上に見たとおりである。この傾向はさまざまな面において見られたが、天皇になってからはより一層強まるようになる。服装は依然としてヨーロッパ君主の風習に従い、公式の席には天皇は主に軍服、皇后はよく洋服に「洋帽」で現れている。そして、世の中は皇太子時代よりも日本在住外国人が多くなり、嘉仁が公使らと親しく接しているところが度々伝えられている。一九一五年の大観艦式において、大正天皇が外国の将校を励ましているところを以上ふれたが、皇太子の結婚式においても見られたように、大典の際にはもちろん、外国公使などが二〇世紀に入って、以前より目立つようになった。

大礼では外国の高官が日本史上最も多く、そして彼等は日本史上初めてすべての儀式に参列し、話題を呼んだ。大隈首相は「今回の如く全世界の代表者が洩れなく集まったということは実に世界の偉観で、我が国では空前の事であるが、東洋でもまた未曾有の盛儀で」あると評している。第三章で嘉仁の海外への憧れにふれたが、この大礼において、世界の側が天皇のもとへやってきたようなものであった。「我が天皇陛下が高御座に登り給いて、六八洲に君臨する大典を挙げさせられた光景は実に崇高を極め」ていると大隈が指摘している（「我輩も口がこわばった、と大隈首相」）。外国公使などに対するこの友好的な扱いは冒頭でみたように、海外の方にも大きく報道され、「時代の移り変わりの目に見える証拠」と『ニューヨーク・タイムズ』が指摘している（"Mikado Ascends the Oldest Throne," *New York Times*, 1915. 11. 10, p. 8）。なお、この際、日本に集まってきた外国高官に、やはり勲章の数々が授与されたが（"Kioto Mayor Gives Banquet," *Los Angeles Times*, 1915. 11. 10, p. 14）、贈位を受けた日本人の中にも、西洋との交際が深かった田口卯吉《たぐちうきち》、小泉八雲、新島襄《にいじまじょう》等のような人物が多かった（「興味ある人選と辻善之助博士」『時事新報』、一九一五年一一月一一日）。

　勲章の交換は一方的なものではなく、外国から日本へのものもあった。一九〇六年には明治天皇自身が同盟国イギリスからガーター勲章を受賞したが、嘉仁の場合は一段と高いレベルの交換となった。一九一八年に、嘉仁はガーター勲章に加えて英国陸軍元帥の名誉称号を授けられ、お返しにジョージ五世に菊花頸飾章と日本陸軍元帥の名誉称号を授与している。嘉仁は、要するに、外国の皇帝と軍位の名誉称号を交換する初めての天皇となったのである（Captain M. D. Kennedy, *The Military Side of Japanese Life*, pp. 21-23）。

　大正天皇の治世下に西洋人との交流が史上最高レベルに達したが、皇太子時代にも発揮したあざやかな個人生活におけるヨーロッパ的スタイルもそのまま続けられていた。皇太子時代に見られたほどの自由はなくなったものの、「夫」と「父」としての振舞いは、引き続きヨーロッパ皇族を思わせるようなものであった。近代的「夫」としての大正天皇は第三章で見たように、明治天皇が亡くなった

イギリス国王からガーター勲章を贈られた大正天皇

直後から新聞報道により強調され、践祚して最初の行幸においても見られた。睦仁が亡くなったその日に、嘉仁と薄水色の洋装を着た節子皇后が宮城付近を馬車で通った際には両陛下ともども市民に最初の挨拶をしている（「新帝青山に行幸遊ばさる」）。天皇になってからはこのような公式行啓は少なくなるが、明治天皇の時と違い、避暑と避寒の旅行が続き、その際には夫婦ともに出かけていることが多い。

大礼の儀も本来、夫婦としてのイメージが大きく出回るきっかけのはずであるが、皇后は妊娠中で欠席した。しかし、明治期に確立された宮廷万般の制度により、天皇皇后並んで御位に即くことになったので、夫婦としてのイメージが一層強くなった。出産することが夫婦の重要な役割であるかぎり、皇后節子の大礼の欠席も、結局国民の天皇陛下御夫妻への大きな期待をさらに高めることとなった。「我等臣民は御即位式及大嘗祭を祝ほぎ奉ると共に皇室の御繁栄を奉賀し国運の隆盛を喜ぶ念に堪えない」と『東京朝日新聞』は喜んでいる（「皇后御産の史実」『東京朝日新聞』、一九一五年一一月三〇日）。

近代における「父」として

近代的「父」としての役目も嘉仁の性格を反映してか、依然としてよく見られた風景である。嘉仁が皇太子時代に睦仁と観兵式に同行したのと同じように、天皇として皇子が公式行事に同行することが度々あった。しかし睦仁の場合と違い、嘉仁には皇子三人、一九一五年までには四人となったので、嘉仁一家の繁栄は輝かしいものであった。一九一五年一二月の大観艦式に、「皇太子殿下には入江侍従長御陪乗、浜尾大夫以下供奉、淳宮、高松宮両皇子殿下を御同伴」というように、皇子三人の同行が伝えられ、御召艦筑波に次いで、「皇太子旗檣頭眩き常磐」が出港していることが大きく発表されている（「満艦飾の百十五隻をご親閲」）。

この「近代的家族」というイメージはやはり、避暑や避寒の時に一番よく現れ、例えば、一九一六年八月、大礼後初めての避暑（日光）の際に出た記事では、楽しい一時が期待されている。「朝夕に畏くも御親子御団楽あらせらるる事故、両陛下にも今回の御避暑は殊の外、御満足に思し召されしやに承る」と『東京日日新聞』は伝えている。「なお聖上には御避暑中、馬術御練習のため既にタップ、藤園の両名馬を同地に差遣され、御料の写真機等も御調度の御内に加えれば、御避暑中にはいろいろの御撮影もこれあるべく、澄宮殿下のニコヤかなる御姿なども、或いは聖上御手ずからの御レンズに入らせ給うやも図られず」と、いかにも二〇世紀の家族らしい風景が想像されている（「避暑で日光田母沢御用邸へ」『東京日日新聞』、一九一六年八月六日）。

ヨーロッパの皇室においても「近代化」を表すもう一つ重要な要素は、皇太子時代の行啓においても見られたように、近代国家の新しい技術との関係である。嘉仁の肖像が幼い頃から錦絵、日露戦争あたりからは絵葉書によって国民に広く知られるようになったのはすでに見たとおりである。しかし、天皇になってからは、最先端の技術によって、その肖像は一気に普及していく。

大正天皇の肖像

その最先端の技術とはもちろん、写真である。よく知られているように、明治天皇は写真をとられるのが嫌いで、その実像はイタリアの画家エドアルド・キヨッソーネ（Edoardo Chiossone）が描いた「御真影」によってしか同時代人は窺い知ることができなかった。しかし、嘉仁は写真に困らないどころか、前述したように、自分で写真をとるのが大好きであった。そのせいか、天皇になってからは、嘉仁の写真が新聞にしばしばでることになり、一時期は内務大臣原敬がそれを問題化するぐらいであった（『原敬日記』、第三巻、三五〇頁〈一九一三年一〇月二一日付〉）。嘉仁は要するに、写真によって、国民全体がその肖像を知られるようになる史上初めての天皇となったのである。

東京駅と大正天皇

以上のように大正天皇は色々な意味で二〇世紀初頭の日本、さらに、二〇世紀初頭の世界をも見事に象徴している。その世界がいかに明治天皇時代の世界と異なるものだったかは大礼に合わせるために完成された巨大な建造物に見いだすことができる。東京駅はすでに紹介した大正天皇の「近代」――力強い、統一した、ややヨーロッパ風味の産業国家と近代帝国――の具象とでもいえるものである。

東京駅は第二章にふれた新宮殿や表慶館と同じように、近代国家日本にとって重要な意義をもち、大きな話題を呼んだ。大きな中央駅は、石造りの宮殿や国宝を展示する国立美術館とともに、一九世紀のヨーロッパにおいて「近代国家」の欠かせない施設の一つだったからである。全世界に普及したこの基準に日本も従おうと、一九〇三年から元帝国大学工科大学学長の辰野金吾《たつのきんご》に中央駅の設計が依頼された。

東京駅は、二〇世紀初頭の産業国家や近代帝国にふさわしく、最先端の建築材料を用いた巨大なものであった。落成の二年以上前から誇らしげに報道されているように、「中央停車場」の基礎はコンクリート、壁は鉄骨でできており、レンガや石材で包まれていた(「中央停車場鉄骨なる」『読売新聞』、一九一二年七月一八日)。三ケ所にエレベーターがつき、駅前の「行幸大路」には各四千燭光の光りを出す「東洋一の街灯」が並べられていた(「東洋一の街灯」『萬朝報』、一九一四年一二月一六日)。職工に延人員約七六万人を使用し、建築費総額は二七〇万円にまでのぼった新駅(「東京駅」『中央新聞』、一九一四年一二月二四日)は旧中央駅新橋の五、六倍の大きさとなり(「上事務員、東京駅の募集」『国民新聞』、一九一四年一一月一一日)、「東洋第一の大建築」と呼ばれた(「東京駅」)。

大きいばかりか、日本の新しい中央駅は新宮殿や表慶館と同じように、西洋建築でよく見られる要素を自由に導入し、文明国としての日本を明白に表そうとした。辰野工学博士は一八八〇年から八三年までのイギリス留学において、ジョサイア・コンドルの師、バージェスの事務所やロンドン大学で学び、新宮殿の設計者片山東熊と同じように、イギリス建築家との関わりが深かった。辰野がいうにはターミナルは「ルネッサンス式」で、三階建ての赤れんがの左右に八角形の高塔があり、大玄関に八角形のアイオニックの柱が並べられ、天井はアーチ式であった（「東京駅一見記」『東京日日新聞』、一九一四年一二月三日）。

新宮殿においても見られたように、この壮麗な建物により、「市の面目は全く一新される」といわれていた（「上事務員、東京駅の募集」）。そして、宮殿と同じように、駅もある意味では天皇のために設計されたものであった。宮城に近い麹町区永田町（現千代田区丸の内）、宮城に向かった位置に建てられ、中央には皇室専用の出入り口や貴賓室が設けられた。前の大路が「行幸大路」とよばれていたことからも、駅はまさに行幸の出発駅として考えられたものである。一九〇八年に始まった工事は、やはり明治天皇のために進められたが、睦仁が落成前に亡くなったので、嘉仁が天皇として最初の利用者となった。

明治天皇が新しい駅を利用できなかったのは、時代の流れから見れば相当の結果だったかもしれない。駅は天皇のための壮麗なものではあったものの、公共施設でもあった。新宮殿と違い国民が広く利用するものである。東京駅は要するに、大正期における「皇室と人民との接近」を最もあらわに表現する建築物となった。この日本初の多目的建築の中央部分は皇室専用の貴賓室で占められていたものの、一般の人々のために、出札場、雑貨店、食堂、酒場、公衆電話、日本初の駅上ホテルまでも備えられていた（「我国最初の駅上ホテル」『報知新聞』、一九一五年一一月三日）。そして、「待合室、洗面所、便所等の其結構は之迄の停車場に見ない奇麗なもので殊に一等婦人待合室の如き化粧室の設けもあって、窓掛、腰掛、卓子などの品具は高価のものを使用している」という国民のために最新の設備が備えられていた（「東京駅」）。今まで遠くからしか見られなかった「近代」は新中央駅において、一般国民が触れるようになったのである。駅初日の一九一四年一二月二〇日に「物見高い東京人の坊ちゃん嬢ちゃんの手を曳いた夫婦連や男女の学生、されは遙々東京見物の序らしい田舎の爺さん媼さん迄」、多様な国民が集まり、「新東京の心臓」を祝っていた（「東京駅の初日見物」『東京朝日新聞』、一九一四年一二月二一日）。一年後、大正天皇の京都の大礼への出発の際にも二万人が「新東京の心臓」に集中し、歓呼の声を上げて見送っている（古川『大正天皇』、一五六頁）。これこそ、大正天皇の近代であった。

東京駅の開業式（1914年12月18日）

大正天皇の役割

嘉仁が「病弱」な天皇だったという悪評に縛られないにしても、天皇としての業績を評価する学者は少ない。元プリンストン大学教授マリウス・ジャンセン博士は嘉仁が「生存中は些細な存在で、その死は無関係だった」とまで論じている（Marius B. Jansen,

The Making of Modern Japan, p. 495)。

しかし、これはやはり立憲君主以上の元首を求めることに帰する結論と思われ、二〇世紀初頭の立憲君主の最も重要な役割を見落とすことである。近代ヨーロッパの専門家によると、一九世紀末から二〇世紀初頭にかけての近代君主には儀式的役割がより大きくなった。それは主に産業化に伴う大衆化の傾向に対応することと思われるが、列強より多少遅れて産業化が進んだ日本においても、同じ傾向が見られる。したがって、近代日本の天皇を判断するには、その儀式的役割に注目することが最も妥当だと考えられる。

儀式的役割に集中するかぎり、大正天皇は立派な君主だったと言わなければならない。二〇世紀初頭の日本は一九世紀の日本とかけ離れたものであり、明治天皇と根本的に違う天皇が必要であった。睦仁はまだ完璧に統一されていない、アジアの農業国家日本にふさわしい天皇であった。だが、二〇世紀に入った日本は統一され、産業化された、ややヨーロッパ的な近代帝国となった。日露戦争当時、これらの業績を象徴していたのは明治天皇であったが、実際、性向的にこの画期的な変化についていけず、晩年の睦仁はだんだんと陰の方へ隠れていくことになる。

これとは対照的に嘉仁は皇太子時代から二〇世紀初頭の日本と性格的にも合い、天皇になってからはまさに二〇世紀の天皇として大きく活躍した。大日本帝国がやっと列強の仲間入りをする頃に二〇世紀の世界の流行に深く馴染んでいた嘉仁が践祚したことは幸運だった。大正天皇が先頭に立ち、日本帝国の二〇世紀入りを見事に導いたのである。次章は第一次世界大戦の終焉がもたらした世界的大変化に応じ、嘉仁が新しい国家像を見事に象徴する存在となっていくことを探ってみることとする。

第五章　「平和日本」の象徴

「元旦の大内山は朝来淡き春霞朧に罩めて突然平和の表徴のやうに拝され拝賀の文武臣僚は何れも金光美しき大體服装に車馬を驅って續々二重橋、坂下、乾の各御門から相前後して山内する壮観を見むとする市民は宮城前広場に堵をなし、ご都合に依り四方拝の御儀は行はせらず聖上陛下には宮中より御排あり。」

（『東京朝日新聞』、一九一九年一月一日）

1　「文明国家」をめざして

第一次大戦の影響

第四章において、嘉仁は睦仁と違い、いかに二〇世紀初頭の世界にふさわしい天皇だったかを詳細に見てきた。一九世紀後半の近代化事業の真っ最中に生まれ、育てられた大正天皇は統一された、力強くややヨーロッパ風の産業国家と近代帝国を立派に率いた。これは、まだ統一されていない、いわばアジア色の強い農業国家日本より登場した明治天皇と対照的である。

明治初期から大正初期までの期間に日本は確かに一変した。しかし、忘れてならないのは、一九一〇年代後半にまた大きな変化が日本列島を訪れていることである。第一次世界大戦の影響である。二〇世紀を迎える日本国民が、明治憲法発布や日清戦争に次いで、嘉仁の結婚式に日本の「文明国」への仲間入りを期待したことは第二章で見たとおりである。しかし、一九一九年は同時代人にとって、より明白な分水界だったといわざるを得ない。冒頭の『東京朝日新聞』において、一九一九年一月一日には「突然平和の表徴」が宮城に現れたように伝えられている（「晴れの御膳」『東京朝日新聞』、一九一九年一月一日）。四年間以上も続いた前例のない大戦がやっと終わり、平和が広く歓迎されたのはよくわかる。しかし、主張すべきは、日本、いや、全世界が一九一九年に喜んで迎えたのは暫定的な平和だけでなく、平和の「時代」なのである。大正天皇は一九一八まで二〇世紀初頭の「近代」を立派に代表したが、一九一九年からはその「近代」、つまりその国際的基準が大きく変わったのである。

ヨーロッパ的世界の終焉

近代日本史の通説において、第一次世界大戦の位置づけはきわめて小さい。日本はたしかに主な戦場より遠く、その惨事にほとんど見舞われていない。当時の日本人が「欧州戦争」と呼んだのもうなずけることで、「明治三七〜三八年戦争」（日露戦争）と比べ、実感性を欠くのは当然であろう。

一九一四年から一九一八年の間、九〇〇万人もの人命が奪われ、世界経済が没落し、伝統あるヨーロッパの都市が数多く破壊されている。だが、この戦争の一番重要な結果は破壊そのものではない。その破壊によって、世界の大勢が一変したことにある。ヨーロッパの惨状は日本まで届かなかったが、その結果もたらされた新世界は日本人の注目も引かざるを得なかった。

第一次世界大戦後の世界はどのようなものだったであろうか。第一はヨーロッパ優位の世界観が崩れかけた時代となったことである。月刊誌『太陽』の編集者浅田江村《あさだこうそん》が指摘しているように、「欧州文明」は過去四〇年間も平和を保つことができ、「光彩真に陸離たる」ものだった。しかし、「彼等は多年誇称したるその高度の文明生活を戦慄すべき兵火の猛威を以て容赦なく迅速に破壊しつつ」あったのである（浅田江村「欧州列強の好戦熱」『太陽』、一九一四年九月一日、一八、二〇頁）。

「欧州大戦」がヨーロッパの「陸離たる」文明の行き詰まりをあらわに出したとすれば、世界文明の新しい源泉の所在をも明白にした。元老山県有朋が既に戦争勃発直後に書いた意見書中、日本の外交（特に対支政策）に関して「最も意を用ひさる可からさる」国を「米国」と見た。そして、山県が予測したとおり、「欧州の大乱は毫も米国の手足を牽制せさるのみならす寧ろ之をして漁夫の利を独占せしむる」ことになったのである（山県有朋「対支政策意見書」一九一四年八月、大山梓編『山県有朋意見書』、三四四頁）。

大戦はアメリカの世界的位置をどれほど優位にするのかは、一九一七年からはっきりと見えてきた。まだ中立を守っていたアメリカの大統領ウッドロー・ウィルソンは一月の議会両院特別総会において

パリへ向かうウィルソン大統領

前例のない惨事を背景に、これから世界平和をいかに保つかを訴えた。「平和は吾々が二度とこのような大変災に圧倒されることがないようにする確たる力の合同をもたなければならない」。ウィルソンの「力の合同」は大戦の最大の原因と思われるもつれやすい同盟、帝国進出や軍備競争などの要因を否定し、代わりに国際的審議団体、民族自決、海洋の自由や軍縮を提供した（Thomas J. Knock, *To End All Wars*, p. 112）。

同年四月、ウィルソンはドイツに宣戦布告をしたが、参戦によって国際政治のこの全く新しいヴィジョンが有利になりつつあった。帝国大学教授の吉野作造は五月に「今度の参戦によって米国は兎も角も講和談判に於て、又戦後多くの世界的問題に対して有力なる発言権を得た」と見て、ウィルソンの思想が「どれだけ尊重せらるるやは戦後の文明の進歩の上に非常な関係がある」と判断した（古川学人「米国参戦の文明的意義」『中央公論』、一九一七年五月、九五頁）。政友会総裁の原敬は「世界の形勢一変する事明らか」であると日記におさめている（『原敬日記』、第四巻、二九一頁〔一九一七年六月二日付〕）。

第二維新としての第一次大戦

世界が「一変」しようとしているなら、日本においてもある程度新しい将来を考えなければならない。近代日本史の通説において、「戦間期」は「改造」の時代として知られている。しかし、一般的に一五年戦争から遡って見ているので、その「改造」はどうしても浅く見られがちである。一番代表的な「大正デモクラシー」という傾向は、例えば、「第二次世界大戦後に戦後的な価値から評価できる伝統が日本にほんとうに何もなかったか、と一所懸命に探してみつけられたものを名付けたにすぎません」と論ずる人もいる（加藤典洋・有馬学（対談）「日露戦後の『ブラック・ボックス』」『日本の近代』、一九九九年五月、二一頁）。

しかし、戦間期日本にも反響をもたらしたアメリカの勢力と文化の台頭に喚起された世界的大変化は目を輝かせた日本の有識者の夢のまた夢ではなかった。一八五三年にペリー司令官が日本へ到来した時と同様のものと見た方がよいであろう。黒船の出現で当時の日本の要人が根本的に体質改善し、「文明世界」の基準に応じる決心をしたように、第一次世界大戦中にアメリカが世界の舞台の中央に劇的な登場をしたことで、日本にはあまねく「維新」の声があがった。原敬は大戦の世界的な影響を見通して、「維新以来五十年、国家刷振を要する時期となれる」と述べた（『原敬日記』第四巻、二九一頁（一九一七年六月二日付））。同じように、評論家の大山郁夫《おおやまいくお》はヨーロッパの激変を一八六〇年代に日本を訪れた動乱期と関連づけている。月刊誌『中央公論』の一九一八年一月の記事で、彼は原の明治路線上の第二維新に関する想いに共鳴して、「大正維新」を提唱した（村井良太『政党内閣制の成立――一九一八～二七年』、二二頁引用）。

提唱者によって、「大正維新」の意味はかなり違っていたが、さまざまな維新案の芯は同じであった。すなわち、大戦直後の時期が明治維新の歴史的な大建国事業にも匹敵するような国家改革のまたとなない機会であることを反映しているところである。ヨーロッパでは一九一九年後に多大な資源が実際の物理的な再建につぎ込まれていたが、東京では、大戦後の世界が非常な変貌をとげた状況で日本帝国はいかにあるべきかを究明するために膨大なエネルギーが投入されていた。元外務大臣の後藤新平は一九一九年に八ヶ月の欧米視察から帰国して、原内閣（一九一八〜二一年）に当時浸透していたヨーロッパ各国の復興省（Ministry of Reconstruction）をモデルに内閣レベルの調査諮問会を組織するように強く勧めた（内政史研究会編、内政史研究資料第四集「後藤文夫氏談話第一回速記録」一九六三年七月一一日、五一〜五三頁）。

原内閣は復興省の日本版を最終的には創立こそしなかったが、海外の再建事業の多くを鏡写しにしたような十年以上の改革期を誘発したのは事実である。そして、それが一九世紀後半の日本における指導者たちを没頭させた国造りの涙ぐましい努力を甦らせたのである（フレドリック・R・ディキンソン「第一次世界大戦後の日本の構想」）。加藤高明首相が後に「新日本の基礎」を築くための「一致協力一大決心と動力」と呼称したものである（加藤高明「名家の叫び」『キング』、一九二五年五月、一頁）。

戦間期の日本国再建の歴史は周知のとおりで、ウィルソンの提唱した新世界秩序の原理を反映して、国際連盟の加盟国、軍備縮小、韓国、台湾の「文化統治」、普通選挙権、政党内閣制などがある。これらは一九三〇年代に再び点火された国家権勢への暴走にもろくも押しまくられた政体のわずかな方向転換として片づけられる場合が多い。しかし、実際は明治維新と同格の大戦によって触発された巨大な国家改造政策の一部であったと考えた方がよい。なぜなら、これはまさに当時の見方そのものであったからである。

一九世紀の日本人民の多くが近代国家の成立を「文明国家」の仲間に入れてもらう最適な方法だと理解したように、終戦後の国政者や評論家の間ではウィルソンによって最も雄弁に意表された新原則を最先端をいく世界基準と見なしているものが大勢を占めていた。それまで「現代文明の典範」とされたヨーロッパが「容赦なく迅速に破壊し」たからである。世界の新しい姿勢を促進するために一九一八年に吉野作造とその同好の士によって黎明会が創立されたが、彼らによれば、欧州大戦は、「専制主義、保守主義、軍国主義に対する、自由主義、進歩主義、民本主義の戦争」であり、以降、全世界の諸国民は「光輝ある戦捷と平和」によって、初めて「真正なる文明的生活」に入る希望を持っていると解釈されていた（伊藤隆『大正期「革新」派の成立』、六七頁引用）。

もちろん、この「文明」の新しい定義を僻目でみる人は多くいた。その中心的機関である国際連盟を、「痴人の夢」とこきおろし続けた人は少なくなかった（「進路」『国際知識』、一九二四年七月、五頁）。しかし、忘れてはならないのは、明治期の画期的な変化に対する反対も恐るべきものであり、国内戦（西南戦争）にまでおよんだことである。そして、一九一九年に関しては、新たな進路是正を決める動機として「文明国家」になる以上にもう一つ大きな余得があった。その余得とは日本史始まって以来、世界の一勢力という重大な位置へと誘導されたことであった。旧来の国家姿勢が地域的勢力をものにしたのに反して、国際連盟と一九二〇年代の代表的な一連の多国協定に参与するということは日本がまさに世界的な勢力にのしあがったことを意味したからである。一九一九年に近衛《このえ》文麿《ふみまろ》が表現したとおり、「今日の日本は国際聯盟の中軸たる世界の主人公として、利害相関せざる国の面倒までも見てやらねばならぬ地位に達し居るなり」ということである（近衛文磨『戦後欧米見聞録』、四八頁）。原敬首相は一九二〇年一月に誇らかに声明を発した。パリにおいて、「帝国は五大国の一として世界平和の回復に向かって努力するを得たり。是に於て帝国の地位一層重さを加ふると共に、世界に対する帝国の責任又益々重大なるを致せり」と（川田稔『原敬』、一五〇頁引用）。

2　「平和日本」の時代とともに

平和克服の大詔

日本が史上初めて「世界の主人公」になったからこそ、この新しい大勢は「痴人の夢」でなく、公式の国家構想となったのである。そして、それは明治維新の巨大改革と同じように声明されたものである。帝国日本の創立者が、まず「旧来の陋習《ろうしゅう》」（五箇条の御誓文における用語）の糾弾から壮大な国家変貌を企てたように、戦間期において、また新しい建国のキャンペーンは近来を声高に弾劾するという礎のもとに立ち上がった。ペリーの到来が自国の「暗く閉じられた生活」（福沢諭吉『西洋事情』）を日本国民に納得させたとすれば、大戦は暗闇を抜け出るという新しいヴィジョンを人心に吹き込んだ。東京大学の宗教学者姉崎正治《あねざきまさはる》によると、「世界的大舞台の夜明けは近づきつつある。鶏は鳴き、東天紅ならんとする。此の時に尚ほ前夜の夢を繰返す者は、世界の落伍者たらざらんとよくするも、たらざるを得やうか」（「大戦の結着と戦後の新局面」〔一九一七年

三月〕関静雄『大正外交』、九七頁引用)。

明治維新の際は若い明治天皇がやはり巨大改革の最大のシンボルとなったが、戦間期の国家維新は当然、大正天皇が中心となった。休戦協定調印の一〇日後、祝賀行列が天皇皇后両陛下が待ち受けていた宮内省の前を通過し、「両陛下万歳」を叫び、「市民の感激は殆ど頂点に達した」と『東京朝日新聞』に伝えられた(「東京の戦勝祝い――両陛下出御」『東京朝日新聞』、一九一八年一一月二三日)。次いで、冒頭で見たように、一九一九年元旦の挨拶に、大正天皇が「突然平和の表徴のやうに」宮中より現れたというふうに報道された(「晴れの御膳」)。

明治維新の大改革は天皇の主旨宣言によって開始されたが、大正における国家維新も嘉仁の深遠な勅語によって本格化した。明治には五箇条の御誓文が維新の真髄とされているが、嘉仁の場合には一九二〇年一月に発布された「平和克服の大詔」がある。大詔は世界の大変化にたいし、できるだけ「順応の途」を歩み、「万国の公是」に従い、「聯盟平和の実」をあげることを国民に激励している(「平和克服の大詔発布」『大阪朝日新聞』、一九二〇年一月一四日)。

五箇条の御誓文と同じく、平和克服の大詔は国民のあらゆる面に影響する根本的な改革の公式な声明文として読むべきである。そして、その最も根本には五箇条の御誓文と同様、世界における日本国の位置について劇的に新しいヴィジョンがあった。五箇条の御誓文が「智識ヲ世界ニ求メ大ニ皇基ヲ振起スヘシ」ことを下知《げじ》して徳川幕府の堅固な領土統制を逸脱したように、平和克服の大詔もまた明治時代の帝国主義的外交からきっぱりと離別せよという原案であった。すなわち、パリ講和会議において、国際聯盟を立案した「平和永遠の協定」が結ばれたことに大正天皇が「衷心実に欣幸」であり、新大勢に伴う「国家負荷の重大なる」ことを深く感じていると伝えられたのである（「平和克服の大詔発布」）。

明治期を「文明開化」の時代であったとすれば、戦間期の大正は、要するに「平和日本」の時代であったといえる。第二次大戦後の日本を研究する者はしばしばヒロシマ、ナガサキの原爆から生まれた「平和文化」について語るが、近代日本の最初の「平和文化」は核兵器の直接投下からではなく、第一次世界大戦の悲惨な状況と世界大勢の変身から生まれたのである。平和克服の大詔の発布と同じ月に、原敬首相は「言ふ迄もなく世界の情勢は最早や単独行動を容さず」つまり、日本も含めて、どの国も常に列国との協調を保たなければならないと宣言した（原敬「原首相の通牒」、一九二〇年一月一三日、川田稔『原敬』、一五〇頁引用）。姉崎正治は明治維新の言い回しをそのまま借用して国の同胞に以下のように勧告した。日本国民の最も覚醒すべき点は、軍器の自給や、経済の自立という「鎖国的傾向の気風」でなく、世界的気運と歩調を保つという「雄大な開国進取の精神」にあるとした（姉崎「大戦の結着と戦後の新局面」）。

健康状態の悪化

よく知られているように、一九二〇年の段階では大正天皇の健康状態は急速に悪化しつつあった。嘉仁が多数の一般国民の前に最後の姿を見せたのは一九一九年五月の東京奠都五〇年祭であり、同年一二月二六日の第四二回議会の開院式に臨席できず、代わりに原首相が勅語を朗読した。そして、平和克服の大詔が発布された二ヶ月後（一九二〇年三月）に健康の悪化に関するいわゆる一回目の発表がされ、次いで、一九二〇年七月と一九二一年四月に三回続けて報道されている。

天皇の健康状態は一九一九年末までには重体となり、宮中、元老、原首相がかなり憂慮していたのは確かである。一九一九年一一月六日付の原日記によると「余実に本件（聖上陛下御病体）を国家の重大事件と思ひ、常に憂慮し可成奏上事も余自身に之をなし居る位の事なり、山県、松方、西園寺皆な此點に付ては眞に憂慮し居れり」（『原敬日記』第五巻、一九五頁〔一九一九年一二月二八日付〕）。

しかし、忘れてはならないのは、立憲君主制下の天皇の最大の役割は象徴的なものであることである。一九〇〇年から嘉仁が二〇世紀初頭の「近代」を本格的に象徴してきたことはすでに見たとおりである。二〇年ほど世界の政治的、経済的、外交的、文化的流行の最先端に立っていた嘉仁の存在感は突然消えるわけではない。むしろ、明治天皇の場合でも見られたように、大正天皇の実像が薄らいでいく中、その象徴するイメージのあるところが以前より大きくなることもあった。明治天皇の場合はそれは天皇の「力」や「権威」だったが、大正天皇に関しては、やはり嘉仁の西洋的スタイルであった。

例えば、一九一九年元旦の挨拶の際に、以上見てきた国家の第一等「夫婦」としての存在、ヨーロッパ風の正装や各国大公使の立ち会いが強調されているところに大きく出ている。『東京朝日新聞』によると、早朝の賢所大前の歳旦祭の後、天皇は皇后とともに参列し、正殿で晴の御膳を読み上げた。報道によれば、「聖上陛下には金光眩ゆき御正装に大勲位菊花大綬章その他の御勲章御佩用、又皇后陛下には高貴の模様を織なしたる御大禮服ローブデコルテーを召され」ていた。他に参列していた皇族も「ルイ一四世紀時代仏蘭西宮廷の御小姓姿に像りたる古代紫天鵞絨の洋服」を佩《は》いていた。そして、この輝かしい皇室は午後二時からは「英国大使グリーン氏以下の駐京各国大公使同夫人の拝賀を受けさせられ、御機嫌殊の外麗しく入御遊ばされし」とある。いかにも世界的、文明的な雰囲気が描かれているのである（「晴れの御膳」）。

一九一九年五月の東京奠都五〇年祭の際には同じく、天皇と皇后は上野における記念祝典に同列して、大きく報道されている。今回もやはり洋装で、嘉仁は軍服、皇后は「薄緋色ローブモンターンの御洋装に白房の御ボンネットを戴かせられ、純白紋様式のパラソルを持たせられ」と鮮やかなイメージが描き出されている。二人とも、嘉仁の場合によく使われるようになった儀装馬車に乗り、国民の接近を感じさせている。馬車の「両側に山の如く而も静粛に奉拝せる熱誠なる市民には特に御機嫌麗しく御満足気にみそなはせられ」、最終的には、「二十万以上を算ずべく御大典の時よりも多き人出だ」と伝えられている（「奠都五十年式典の栄え」『中央新聞』、一九一九年五月一〇日）。

このように、嘉仁が多数の一般国民の前に姿を見せる最後の時でも、鮮やかな西洋的雰囲気が出され、注目を集めている。一九一九年以後、新しい世界的流行となった「平和文化」の根本原則にまだ西洋文明の色が濃く、そして国際協調を重視していたので、一九〇〇年から世界、特に西洋文明との縁を強く強調してきた嘉仁がまだ日本の国家元首を務めていたことは幸運だったといえよう。嘉仁の実像が消えつつある時に平和克服の大詔が発布されたが、大正天皇の名において出されたからこそ、迫力があったように思われる。

嘉仁が一九一九年以後、大きな国家行事に出られなくなることは、そのイメージにどのような影響をおよぼしたか。まず覚えておかなければならないのは、健康についての発表は漸次的なもので、「病弱な天皇」という評判が突然ついたわけではないことである。第四二回議会の開院式の欠席の理由はただ「御足痛にて御歩行御困難」と発表された（小田部雄次『四代の天皇と女性たち』、一三七〜一三八頁）。そして、前述の三回宣言は原武史も指摘しているように、突き詰めて病状の真相を明かしたものではなく、天皇の「御尿中に糖分を見」とか、「座骨神経痛」や「御発語の障碍」程度の報道であった（原『大正天皇』、二三〇〜二三七頁）。幼いころから「脳膜炎様の御疾患」に悩まされていると明らかになるのは皇太子摂政発表直前の一九二一年一〇月のことである（「聖上御容態」『読売新聞』、一九二一年一〇月五日）。

病状の明かしが漸次的だったにしても、天皇の悩みが重病であることは一九二〇年の段階では公の事実となった。健康の悪化に関する二回目の発表と同時に、嘉仁の生母柳原愛子がその不快平癒を願うために出雲、三保や春日の三神社へ参拝することが報道された（「柳原二位局の念願」『読売新聞』、一九二〇年七月一二日）。この新しい事情が天皇のイメージに変化を起こすのは当然である。しかし、その変化は必ずしも嘉仁の存在感の低下ということにつながるわけではない。

容態の悪化にもかかわらず、天皇おなじみのイメージとして長い間知られてきたある要素が依然として強調されることもあった。例えば、嘉仁の技術好きである。病状が急落した一九二六年には、読書とか散歩ができなくなったにもかかわらず、相変わらず「盆栽や活動写真などのお慰み、ラジオ、蓄音機」などを聞いていると伝えられている（「お煙草もやめてひたすらご養生の毎日」『大阪毎日新聞』、一九二六年一〇月三一日）。そして、実像がなくなっていっても、嘉仁の近代的、西洋的イメージはさらに大きく出てきた。特に国家第一等の「夫」や「父」のイメージである。

「夫婦」として

前述のように、嘉仁の晩年にも、幾つかの公的儀式には皇后と同列して現れている。そして、避暑や避寒の際、皇后を伴って、行動することが多かったことは第四章で見たとおりである。嘉仁の容体が悪化する中、報道される様子がほとんど避暑や避寒に関するものであったので、この「夫婦」のイメージが一層強くなっていくのである。休戦協定調印の祝賀行列の際に東京市民が「両陛下万歳」と熱心に叫んだのを先に見たが、即位の際の全帝国におよぶ「万歳」よりも親しみの増した、真の意味の国家元首「夫婦」への歓呼である。避暑や避寒においては、「青山御用邸に御避寒中の天皇皇后両陛下には御機嫌いと麗しく」とよく伝えられ（「青山御用邸の両陛下」『大阪朝日新聞』、一九二二年一月一日）、平常の姿のより詳しい報道により、この国家元首「夫婦」の魅力的なイメージは天皇が亡くなるまで保たれていたのである。一九二六年一〇月の葉山の報道では、天皇と皇后が四方山話を物語りあっている場面がみられている（「お煙草もやめてひたすらご養生の毎日」）。そして、病状が急転すると、嘉仁が節子皇后にますます頼ることになり、夫婦関係がより親密になっているように伝えられている。例えば、一九二六年一一月、天皇がまた「風気」をひいたといわれ、節子皇后が赤十字社祝典を含む東京におけるすべての用事を見合わせ、早速葉山の方へ帰ったと報道されている。宮内当局者によると、その急速な予定変更は「一に皇后陛下におかせられて聖上御看護の御心づくしの現れ」であった（「お熱下がらず、皇后陛下予定を早め葉山へ」『東京日日新聞』夕刊、一九二六年一一月四日）。

国家元首夫婦の魅力的なイメージが強調されたと同時に、国家第一等の家族というイメージも依然として続いていた。第四章で見たように、このイメージは観艦式や観兵式の際に皇子とともに参列することや避暑や避寒の時の家族の閑暇の時間の風景からくるものだった。嘉仁が皇太子とともに多数の一般国民の前に姿を見せた最後の行事は一九一九年五月の東京奠都五〇年祭であった。そして、健康が悪化する中で嘉仁が皇子と会うことが少なくなる。しかし、会う度に、以前報道された「御親子の御間の御睦しさ」が続いて伝えられている。例えば、一九二三年一〇月、嘉仁が日光田母沢から東京に帰る際に、「御出迎への東宮秩父の両皇子に御愛情溢れる御会釈を賜はり」ということがあった（「聖上還幸」『報知新聞』、一九二三年一〇月二六日）。

大正天皇銀婚の記念絵葉書

「国際協調」の新しい時代に嘉仁の西洋的文明との深い縁がふさわしかったことは以上指摘したとおりである。しかし、この「夫」と「父」としての存在主張の向上もまた都合が良かったといわざるを得ない。嘉仁は名目上、依然として大元帥だったが、世界大勢が「平和」の方向へ傾こうとする時に、軍事演習の天覧より皇子との「愛情溢れる御会釈」が国民に伝えられていたことは新時代の新しい精神とぴったりあっていたのである。

3 大きくなる皇太子裕仁の存在

皇太子裕仁

嘉仁が国家行事を行えなくなるにつれ、第一家族中、存在感が一番大きくなるのはやはり、皇太子裕仁であった。天皇の芳しくない容体がいよいよ側近に明らかになると、原首相は幸先のよい事情の一つを感謝の念をもって語っている。「只国家皇室の為め至幸なるは皇太子殿下極めて御壮健なることなり」との記述がある（『原敬日記』、第五巻、一六八頁〔一九一九年一一月八日付〕）。そして、原と元老の山県有朋や松方正義《まつかたまさよし》は一九一九年末から、「皇太子殿下に今少しく政事及び人に接せらるる事等に御慣遊ばさるる必要あり」と考え（『原敬日記』、第五巻、一六六頁〔一九一九年一一月六日付〕）、裕仁のより大きな儀式的役割を検討し始めている。

近代日本史において、この若くて健康的な裕仁をその病弱な父嘉仁と比較して、劇的な昭和期をややイメージの曖昧な大正期と対照的に語るのが通説である。嘉仁の歴史的意義をかなり評価する原武史でも、性格、行動範囲やメディアの関心度を通して、天皇と皇太子の際立った相違を強調している。「何でも口に出す天皇」に対し、皇太子は「何事があっても顔に出さない性格」だった。天皇になってから行幸が少なくなった嘉仁に対し、一九一五年から裕仁の行啓が本格的に行われることになる。

そして、第一次世界大戦後、活動写真会社が海軍省、宮内省と内務省の許可を得て、皇太子をしきりに撮影することになるのである。これらは「人々の関心の方向を天皇から皇太子へと決定づける結果を招くことになる」と原氏は結論している（原『大正天皇』、二三六頁）。

皇太子裕仁の実像が第一次世界大戦後、天皇のそれと取って代わるのは確かである。これは皇太子嘉仁の行啓において明治末期に嘉仁の実像が明治天皇の実像に取って代わったのと同じことである。摂政が置かれることはやはり明治期には見ないことで、一九二一年一一月の段階で裕仁は事実上の国家元首となる。しかし、この正式な引退後の大正に「大正天皇は何の関係もなかった」という古川隆久の主張は少々的外れといわざるを得ない（古川『大正天皇』、二一三頁）。前述のように、立憲君主制における天皇の象徴的役割は大きく、正式に引退してもその象徴するところが突然消えるわけではない。特に、大正天皇の場合、明治天皇と違い、息子である皇太子と似たところが多かった。第一次世界大戦後に裕仁の実像が本格的に普及するというのは大正天皇の象徴的存在を排除するものではなく、むしろ強調するものであった。

裕仁は色々な意味で大正天皇の長男だった。明治天皇が日本の伝統的スタイルを好んだのは以上見てきたが、裕仁はやはり、父と同じように、近代日本に生まれ、育てられ、大正天皇の西洋的風習へのあこがれをそのまま受け継いだ。幼いときから慣れ親しんだ西洋的閑暇文化や洋風生活は大人になってからも好んでいた。閑暇の時間は父が好んでいたテニスに次いで、第一次世界大戦後、日本でも流行しつつあったゴルフに興味をわかせ、一九二五年には東宮御所内にも小規模のゴルフ場が設けら

ゴルフの練習をする裕仁
（東京ゴルフクラブのコートで）

れた（「東宮御所内に一万坪のゴルフ場」『読売新聞』、一九二五年四月一五日）。幼い頃に夜は家族のピアノの演奏や合唱の時間だったからか、一七歳になった段階で「音楽（オートピアノ）や蓄音機等で一時御心を休め給はれた後、御寝遊ばさる」と伝えられている（「東宮御誕辰」『国民新聞』、一九一七年四月二九日）。そして、結婚後も、椅子中心の「純洋式」の生活が続けられ、「理想的な現代生活」と報道されている（「摂政宮御成婚後は純様式と決定す」『読売新聞』、一九二二年一二月一日）。

活動写真と裕仁

大正天皇が二〇世紀の新しい技術に親しんでいたのは以上見たとおりであるが、裕仁も最先端の技術に憧憬の念を抱いていた。嘉仁は写真をとられるのは平気だったが、裕仁はより新しい「活動写真」に撮影されるのにもすぐ慣れたようである。例えば、ヨーロッパ訪問からの帰国の際、「活動写真班は頻と殿下の御英姿を撮影申上げると、殿下は態々右に左に玉體を動かされて特に撮影の便宜に資せられたのであった。」（「横浜より目出度く還啓」『大阪朝日新聞』、一九二一年九月四日）

裕仁は性格的に父嘉仁の西洋好みを強く反映していたように、摂政時代には皇室の西洋風の公式スタイルも自然に続けている。嘉仁の二〇世紀近代様式を設定するのに結婚式が大きな役割を果たしたのは第二章で見たが、裕仁の結婚式（一九二四年）も一九〇〇年に初めて見られたパターンに忠実にそっている。例えば朝の賢所大前における儀式と午後の洋風の正装への着替え（良子妃は五衣からローブ・デコルテーへ）とか、両殿下が同乗して参列した午後のパレード、最先端の技術を使って自動車で移動したり、御所正門のシャンデリアの光が灯されたなどがある（「ご婚儀、賢所大前で執り行われる」『東京日日新聞』、一九二四年一月二七日、「御盛儀の朝、颯爽たる御英姿」『大阪朝日新聞』、一九二四年一月二七日）。

裕仁と良子妃の結婚記念写真
（皇居内で，1924年３月）

さらに、技術に関しては、名高い飛行機の登場も忘れてはならない。嘉仁が飛行機好きで、第一次大戦中の行幸において、飛行機がますます飛ぶようになったのはすでに見てきたが、このいかにも二〇世紀ともいうべき光景はやはり、裕仁の英姿を強調するためにもよく利用された。例えば、皇太子のイギリスからの帰国の際に「空には低く御召艦檣頭をスレスレに飛行機が十五臺も代る代るに飛んで」きたと伝えられている（「横浜より目出度く還啓」）。

大正天皇と皇后の公的イメージに「夫婦」としてのアイデンティティが重要だったことは先述した。しかし、一九二四年からは二〇世紀日本にとってもう一つ大切な「夫婦」が生まれ、その夫婦が大正天皇皇后夫妻級の近代を象徴しているのは一九二四年三月の「結婚の記念撮影」において明らかである。皇居紅葉山でとられたこの写真では裕仁と良子皇后は肩を並べて立ち、裕仁はモーニングコートに、ソフト帽やステッキ、良子皇后はローブ・デコルテーに白い手袋、ボネットやパラソル姿で写されている（毎日新聞社編『天皇四代の肖像』、七〇頁）。このまたほとんど同格の夫婦というイメージはやはり、大正天皇皇后夫妻においても見られたように、あらゆるところに強調されている。例えば、前述のゴルフの趣味は良子皇后も同様で、東宮御所内にゴルフ場が設けられるまでは、裕仁は「日曜日毎に妃殿下と御同列で新宿御苑に成らせられ侍従や女官達を相手にゴルフを遊ばすのを何よりの楽しみとされている」と伝えられている（「東宮御所内に一万坪のゴルフ場」）。

ヨーロッパ外遊

このような進んだ西洋的＝文明的スタイルは裕仁のヨーロッパ外遊において頂点に達したといえる。第三章で見たように、嘉仁は海外旅行に大きな憧れを抱き、一九〇七年に保護国の韓国を一〇日間ほど訪れた。これにより海外に出た史上初めての日本の皇位継承者となったが、嘉仁の最大の夢はやはりヨーロッパへ回ることであった。その意欲は東宮輔導有栖川宮威仁親王が一九〇一年に「欧州の模倣のみが時勢に伴ふ所以に非ず」と苦言を呈するほど強いものであった（『威仁親王行実』、第二巻、七八頁）。この夢は結局叶えられることはなかったが、皮肉なことに実現しなかった大きな理由の一つは夢が大きすぎたことであった。この苦言の背景には同年に明治天皇が嘉仁の西洋一辺倒を憂慮して、皇太子の洋行を認めない意向を威仁親王に伝えたことがある（古川『大正天皇』、一〇二頁）。

嘉仁は憧れのヨーロッパへ結局行けなかったが、裕仁の洋行は、この歴史的文脈から見れば、父の夢を間接的に叶えたものであった。旅行の計画段階で嘉仁は側近に心配を漏らしていたが、原敬によると、それは主に嘉仁自身の健康の悪化と裕仁の無事に対する思いやりからくるものであった（『原敬日記』、第五巻、二九五頁（一九二〇年一〇月一一日付））。いずれにしても、ヨーロッパ訪問は嘉仁が一九〇〇年から積極的に志向していた西洋的スタイルに合致することであった。そして、裕仁の旅行中、嘉仁の皇太子時代の行啓を思い出させる要素がいくつかある。

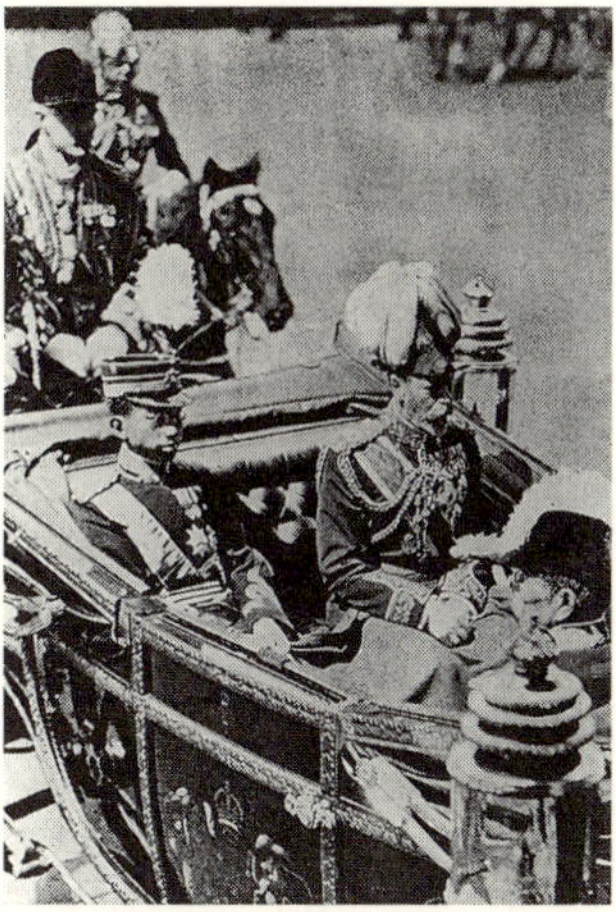
英国王ジョージ５世とバッキンガム宮殿に向かう裕仁（1921年５月９日）

そのまず第一は行啓の様式である。裕仁は一九一五年から大正天皇によって初めて使われた「行幸の出発駅」（東京）から、やはり大勢の国民に見送られ、出発している（「我国有史以来の盛事、東宮横浜を御発艦」『大阪朝日新聞』、一九二一年三月四日）。そして、横浜からは嘉仁が韓国を訪問した際に使った同じ戦艦「香取」に乗ってヨーロッパへ向かっている。このキング・エドワード七世級戦艦は嘉仁の時から決まって皇太子の旗艦として使われていたから、裕仁がヨーロッパ訪問の際に使ったのは当然である。しかし、韓国行啓のおかげで「香取」はすっかり海外との関わりが深く、イギリス製の戦艦であるからこそ、裕仁の外遊は嘉仁が始めた伝統の自然な前進の形として国民に受け入れやすかったのであろう。

裕仁の外遊が嘉仁の西洋への傾きをいっそう表明したのは当然である。大礼の際に「全世界の代表者が洩れなく集まった」ことは第四章で見たが、嘉仁が日本において外国使臣と自由に挨拶をしたり、握手をしたり、会話をもかわしていたことを継いで、裕仁は本場のヨーロッパで、外国の高官との温かい交流をしている。特にイギリス皇帝のジョージ五世との面会の際の親密なるふれあいは話題になり、ジョージ五世の挨拶や握手の後、二人は儀装馬車に同乗し、ロンドン街のパレードに臨んでいる。嘉仁の行啓に対して日本国民の温かい歓迎ぶりは前述のとおりであるが、裕仁は日本の皇位継承者として史上初めて外国の臣民にも大きく歓迎されている。『大阪朝日新聞』によるとパレードの沿道は数十万の人で埋められ、その群衆は「一斉に帽子を打振り百雷の如き喊声一時に起」っている（「英皇太子の御紹介で東宮殿下英帝と御挨拶」『大阪朝日新聞』号外、一九二一年五月一〇日）。帰国の際にも、やはり東京駅で日本の国民とともに、「外国使臣の巨体」に出迎えられ、それらと「一々握手に廻」っている（「横浜より目出度く還啓」）。

嘉仁と裕仁の共通点

以上のように裕仁のヨーロッパ訪問は嘉仁の場合に見られた公的スタイルを大きく思い出させるが、より重要なのは、この似かよった外形は実質的な共

英国首相ロイド・ジョージの別荘を訪れる裕仁（1921年５月15日）

通点があることである。嘉仁の行啓においては「皇室と人民との接近」が強調されたが、裕仁の時にはそれがいっそう強く表れている。鉄道における移動は嘉仁の国民とのふれあいを深め、日本初の多目的建築である東京駅は両者の接近をますます現実化したことは以上ふれたとおりである。皇太子が大正天皇に次いで、この鉄道や巨大な中央駅をよく利用したことは、やはり皇室を国民に接近しやすくする賢明な方法であった。裕仁がヨーロッパへ出発した際、人は東京駅へ「大浪のやうに押し寄せ」、「建国以来の一大盛事」ほど賑わった（「我国有史以来の盛事、東宮横浜を御発艦」『大阪朝日新聞』、一九二一年三月四日）。そして、帰国の一九二一年九月、横浜から東京への移動中、「御召列車前には神奈川県下高等女学校生徒が花とばかりに並んでいる。殿下は既に開扉されあった中央の社内に軽々と御搭乗になり、自ら車窓の硝子戸を排されてそこに御身体を稍前方にかがませられて帆奉迎の人々の眞心をうけさせらるるやう拝せられた」と伝えられている。この「平民的な御態度」に「数万の学生」が「感泣し」たと『大阪朝日新聞』が報道している（「横浜より目出度く還啓」）。

裕仁のこの「平民的な御態度」は父嘉仁の近代を思い出させる一方、第一次世界大戦後の新しい世界の精神にぴったり合っていた。以上にも見てきたように、嘉仁の行啓の比較的自由な雰囲気は国民との接近を大きく促進したが、裕仁は皇位継承者として初めてヨーロッパへ渡るということで、内務省社会局は、イギリスの皇室と国民との関係を十分視察できる計画を立てた。そして、計画どおり、裕仁は英皇室の比較的開けた雰囲気に圧倒され、帰国前、ヨーロッパの「各地に於ける平民的な御態度」を発揮し、帰国後の「我が皇室と国民の間にも何事か改革が行われる」ことの期待を与えた（「我が皇室と国民とは尚ほ一層平民的に」『国民新聞』、一九二一年六月一三日）。

このように、大正天皇の近代や戦後の新しい世界大勢に基づき、皇室改革精神が皇太子裕仁を最大のシンボルとして戦後に登場してきたが、裕仁はもう一つ重要な精神を父嘉仁から受け継ぎ、戦後の新大勢の象徴となった。「平和日本」の精神である。前述のように、大正天皇は「平和克服の大詔」によって戦後の「平和日本」の最大のシンボルとなったが、二ヶ月後（一九二〇年三月）に健康の悪化に関する一回目の発表がされ、大詔は丁度嘉仁の実像が消えていく時期に発布されることとなった。

実像が薄らいでいくにつれ、嘉仁の「夫」や「父」としてのアイデンティティがますます大きくなり、「平和日本」のイメージに確たる貢献をしていることは以上見たとおりである。しかし、この平和日本の精神が皇太子の方にも直ちに移ったことも確かである。裕仁は大詔の発布直後、教師杉浦《すぎうら》重剛《じゅうごう》に出した作文の中に戦争の終焉を慶び、大正天皇の声明主旨に諸手をあげて賛同している。皇太子によると、世界の国民は戦争の悲惨さに直面し、国際強調を尊重することになり、国際連盟の成立や労働会議の開催を実現させたということである。日本国民は詔勅のとおり「奮励自彊、随時順応の道」を歩み、裕仁もまた「国際聯盟の精神を発達させ、世界に永久の平和を確立する重大なる義務を終へざるべからず」と主張している（皇太子殿下「平和成立の詔勅を拝読して所感を述ぶ」〔一九二一年八月一七日付〕伊藤隆・広瀬順晧編『牧野伸顕日記』、二二頁）。

大詔に関する「所感」が報道されなかったにしても、晩年の大正天皇と同じように、裕仁は第一次世界大戦直後の世界平和文化を明白に象徴することになった。一九一九年元旦の挨拶に、大正天皇が「突然平和の表徴のやうに」宮中より現れたことは以上ふれたが、一九二〇年代の皇太子の英姿なるイメージにも平和的精神がしみじみと貫かれている。例えば、一九二四年の皇太子の結婚式には嘉仁の婚礼と同じように、洋風の正装、両殿下が同乗して参列したパレードやシャンデリアの光が見られただけでなく、一九〇〇年の世界においてはまだ考えられなかった新しいムードが漂っていた。「御所を繞る雰囲気は霞のやうに平和である」と『大阪朝日新聞』は報道している（「御盛儀の朝、颯爽たる御英姿」）。そして、裕仁がやっと一九二六年一二月に践祚すると、如何に新時代にふさわしい天皇であるかを指摘するためには皇子裕仁の誕生の瑞兆を繰り返せばよかったのである。『東京日日新聞』によると、裕仁が生まれた次の日、青山御所の芝生に二羽の白鳥が舞い降りた。四日後、同じ白鳥が賢所の擬宝珠の上に現れた。「皇子御生誕の喜びに溢れるる御宛の芝生に平和のシンボル……われらの陛下はかくもうるはしき平和の瑞兆の下に御誕生遊ばされたのである」と報道されている（「新たに仰ぐ聖上陛下」『東京日日新聞』、一九二六年一二月二五日）。

平和日本の天皇

一九〇〇年の結婚式から実像が消える一九一九年まで、嘉仁は日本における二〇世紀の近代を象徴する最大のシンボルであった。その近代は第一次世界大戦によって大きく変わるが、嘉仁は明治天皇と違って、時代の大きな変化を受容する力が十分にあった。戦後はヨーロッパを中心とした帝国主義時代からアメリカを主役とした「平和文化」の世界へと移ったが、世界の技術的発達は依然として著しく、日本の西洋諸国との関わりがより深くなっていく。新しい技術を好み、西洋になじみを感じた嘉仁がこの時に天皇の役目を果たしていたことは日本がこの新しい大勢に適応できる大きな助けとなった。

一九一九年から嘉仁の健康が急速に悪化していくことに天皇側近が非常に憂慮したのは確かである。しかし、この不幸はある意味では新しい世界への推移をまた安易にしたといえる。「平和」の時代にちょうど大正天皇の「平和的」要素が強調されていたからである。明治以来、天皇に大元帥という重要な役目がつき、嘉仁も皇太子時代から観兵式の参列などによって、この役目をまじめに果たしているのはすでに述べたとおりである。第一次世界大戦後、国の防衛は依然として重要視されていたが、国際平和が強調されていた時点では、健康の悪化によって、天皇の大元帥の肖像よりもその「夫」や「父」というイメージの方が強くなったのは都合がよかったといわざるを得ない。

もちろん、「夫」や「父」という天皇のイメージだけでは皇室や国家は成り立たない。大正天皇夫妻が果たしたもう一つ重要な役目が日本の新しい時代への適応を安易にしたと付け加えるべきである。皇子四人、特に立派な皇太子を育てたことである。

裕仁とその父嘉仁を対照的な存在として扱うのが通説である。しかし、裕仁は大正天皇夫妻から色々なことを受け継ぎ、両親と同じように新しい時代に非常に適した存在となった。特に新しい技術や西洋的な風習に憧れたことは父嘉仁とよく似ていて、大正天皇の実像が消えていく中、裕仁が代わって日本が世界の技術的文化的先端に立つ最大のシンボルとなった。その最も代表的な表れはヨーロッパへの行啓であり、ヨーロッパにおいて裕仁は父よりも国際交流や「皇室と人民との接近」を発揮することができ、天皇になった段階で、「平和の瑞兆の下に御誕生遊ばされた」天皇とまでいわれるようになったのである。次章はこの大正天皇の最大の遺産ともいえる「平和日本の天皇」というシンボルがどのように後退していくかを探ってみることにする。

第六章　忘れ去られる大正天皇

「短い治世にも関わらず、天皇嘉仁明宮、日本天皇の一二三番目の男子継承者は国民の啓発や外国との友好関係を果たすという望ましい業績を残した……嘉仁は日本の最も人気のある元首の一人であった。大礼の際、彼のために書かれた詩は三万にのぼる……東京の学習院の教育を受け、さらに個人教育も受けた。英語、フランス語やドイツ語も含め、外国語が達者で、『世界平和や国際道徳に関し、進んだ思想』の持ち主だといわれていた。」

（『ロサンゼルス・タイムズ』、一九二六年一二月二五日）

1　大正天皇の大喪

大正の終焉

大正天皇の死は通説を見る限り、歴史的意義がほとんど与えられていない。明治天皇の場合は前述のとおり、その崩御の際の国民の悲しみが大きく取り上げられ、「不安定」な大正を強調するための格好の出発点である。しかし、大正天皇が最初から「無能」であり、摂政が設定される一九二一年にその存在感がすでにゼロに落ちていると確信していれば、その死には確かに大きな意味は見いだせない。原武史は嘉仁の死去の際について、「東京市内の光景は明治の終焉のときとは全く異なっていた」と主張している（原『大正天皇』、二六四頁）。

しかし、当時の状況をよく見てみれば、嘉仁の死は睦仁のそれと似たところが多いことに気がつく。明治天皇と同じように、大正天皇は、亡くなる数日前から危篤状態に陥り、日本全体をあげての通夜が続いている。その通夜は一九一二年にも見られたように、宮内省から天皇の病状、つまり、その体温、脈拍数や呼吸数が詳細に、また頻繁に発表され、興行場や飲食店は「自粛」ムードで覆われ、天皇が滞在していた葉山御用邸に皇族や重臣が駆けつけている。そして、嘉仁が一二月二五日の深夜に亡くなると、「宮城前につどうて涙する市民の群れ」があつまり（「崩御の報を聞き、宮城前で頭を垂れる市民」『東京朝日新聞』、一九二六年一二月二五日）、数日間の追悼が続いた。山県有朋側近の松本剛吉は「国民の静粛緊張以て鹵簿《ろぼ》を迎へ奉りたることは特に記録に値すべく、殊に学生が平生の軽佻を慎み謹慎厳粛の度を失はざりしことに予は深く感動せり」と日記に残している（岡義武・林茂校訂『大正デモクラシー期の政治――松本剛吉政治日誌』、五四八頁〔一九二六年一二月二七日付〕）。銀行は一二月二六日に休業し、全国の株式、生糸の市場も二七日の前場を除いて取引停止となった。大正天皇の死亡はちょうど年末にあたっていたが、逓信省は二六日から年賀郵便の特別扱いを取りやめ、新年を迎える商店街の大売り出しも垂れ幕が小さなものと取り替えられた（田中伸尚『大正天皇の「大喪」』、九〇～九二頁）。「東京、大阪の二大都市はもちろん全国各地とも新年を迎えるという心持ちがチットもしなかった。第一門松が、餅つきの勇ましい掛け声が聞こえぬ……羽根つく児らの遊びすら見受けぬ……」と『大阪朝日新聞』は伝えている（田中『大正天皇の「大喪」』、一二七頁引用）。

大喪自体も明治天皇の場合と同じように、厳粛で高貴な行事で、大勢の人が参列している。一九二七年二月七日は当然、休日となり、全国各地で告別式や遙拝式が行われた。東京では夜の葬儀の前に葬列が行われ、明治天皇の場合よりやや長い五・六キロのルートの沿道に朝早くから人々が集まり、葬列出発時には一五〇万人を数えていた（古川『大正天皇』、二二九頁）。「キー、コーの車の輪のひびき心耳にしみわたる」のを見て、『大阪毎日新聞』は「今に感じ音を懐い、哀慕なんぞやまん。ああ哀しいかな」と明治天皇との告別を思い出すほどの深い悲しみを伝えている（「しめやかに葬場殿の儀」『大阪毎日新聞』、一九二七年二月八日）。

大喪前後の国民
（各地の神社仏閣に天皇の回復祈願の人々が集まり皇居前でも日夜国民が祈り続けた）

近代の大喪

大正天皇の御大喪は、このように明治天皇の場合と同じように厳粛で広い範囲にわたって国民に大きなインパクトを与えているが、嘉仁の場合は、やはり嘉仁らしい葬儀となっている。大正天皇は日本における二〇世紀最大のシンボルであったとしたら、その象徴する「近代」は葬

多摩御陵全景

儀において最後にも発揮されているといえよう。まず第一に葬儀儀式の立法化である。以上のように、大喪のパターンは明治天皇のそれと似たところが多いが、嘉仁の場合には初めてその執行規則が近代国家の法律におさめられるようになる。大正天皇が亡くなる直前、皇室葬儀令、皇室陵墓令や宮内省令が発令されているが、近代の大喪や陵墓の執行規則はこのとき初めて正式に定められた。一九〇〇年の婚礼が近代の皇位継承者の結婚式の執行規則として設定されたのと同じように、嘉仁はもう一つの意味で皇室の重要行事の近代的パターンを決めているのである。

皇室の重要行事の近代的パターンといえば、陵墓の位置選定も大切なことである。大喪使総裁の閑院宮載仁《かんいんのみやことひと》親王が嘉仁が亡くなった四日後に東京府多摩郡横山村の御料地を訪れているが、その御料地はこれ以前にも陵墓として内定されていたのである（古川『大正天皇』、二二〇～二二一頁）。嘉仁は東京に生まれた史上初めての皇位継承者だったが、また東京に陵墓がおかれた初めての天皇にもなった。東京を中心とする近代日本に東京を中心とした皇帝の生死を初めて全うした天皇であった。

大正天皇の「近代」の重要な要素の一つに目覚ましい産業国家の発達があるのは以上見たとおりである。その発達による交通機関の変化、特に馬車から鉄道や車への推移は大正期の大きな特色であったが、嘉仁が亡くなる直前の通夜にもこの新しい産業国家のありようがはっきり見えている。明治天皇は東京の宮城で危篤状態に陥ったため重臣たちのお見舞いは比較的容易にすまされた。しかし、大正天皇は東京から六五キロメートルも離れた葉山で重体となった。これが明治期なら重臣や政治家が最後の別れを惜しむのにとても間に合うことはできない。しかし、一九二六年の段階では東京駅もあり、東京から葉山行きの臨時列車を何本も増発することができ、重臣には車も十分備えられていた時代である。この近代的交通機関によって、皇族、閣僚、政治家や重臣達は、田中伸尚がいうように、一二月一六日から「政治の中枢部はほとんど葉山へ移ってしまった。」（田中『大正天皇の「大喪」』、五五～五六頁）大正天皇の陵墓は東京から四四キロメートルも離れた東京府南多摩郡横山村に建設されたが、距離がかなりあるにもかかわらず、一般公開期間は二度も延長され、二月九日から三月三一日までとなり、期間中の参拝者はほぼ八九万人にものぼった（古川『大正天皇』、二三二頁）。この予想以上の参拝ぶりもやはり、鉄道の発達によるもので、近代国家の強力な統合性を表している。

崩御直前に参殿する各大臣たち

嘉仁は産業化に伴うこの鉄道、車、カメラ等といった新しい技術にあこがれ、それらの日本全国への普及に大きな拍車をかけているが、その死亡が皮肉にも一九二〇年代に出たもう一つ重要な技術を広める効果をもたらした。前述のとおり、大正天皇は明治天皇と同じように、死亡数日前から通夜が始まり、病状の詳細な発表が頻りにされたが、睦仁の時は新聞に頼らなければならなかった。大正天皇の場合は、その約一年半前から第一次世界大戦後、世界に急速に広まりつつあった新しい技術が日本にも入ってきて、病状の広い範囲の発表を容易にした。ラジオ放送である。

御容体の報道

明治や大正両天皇の場合、宮内省は多くて「御容体」を一日五回発表しているが（「聖上御容態」『萬朝報』、一九一二年七月二三日）、定期新聞や号外に頼らなければならなかった一九一二年には発表が一日五回も広く伝えられることはなかった。ところが、ラジオという画期的な技術により、嘉仁の時は五回どころか、一時間や三〇分おきに広く報道されることができた。一九二六年一二月一四日から死亡する二五日まで宮内省は六一回の「御容体」発表をしているが、ラジオ放送局がこれを重大ニュースとともに放送した回数は、総計四三三回だった。その内、東京放送局が一五七回、大阪放送局が八七回、そして名古屋放送局が一八七回も放送している（竹山昭子『ラジオの時代』、七六頁）。葬列と葬儀も、同じように中継で放送され、遠く離れた地方においても国民が初めて大喪の様子を知ることができた。

戦争と同格の、国家にとって重大な天皇の死がラジオの日本導入の一年半後に起こったことはその速やかな普及に大きな貢献をしている。ラジオ放送が日本に開始された一九二五年三月では受信契約者が五千人いたが、「御容体」の放送の時に二、三万人にのぼり、一九二七年二月の大喪の時期までには三六万人以上に急増している（竹山『ラジオの時代』、一〇九頁）。昭和天皇御大礼の際のラジオ放送の役割は比較的よく知られているが、その先達の大正天皇の大喪を忘れてはならない。日本放送協会が発行する『ラジオ年鑑』の創刊号（一九三一年）は、放送開始以来五年間の「特記すべき」一一番組の内、「大正天皇御斂葬儀放送」を一番にあげているのである（竹山『ラジオの時代』、七二頁）。

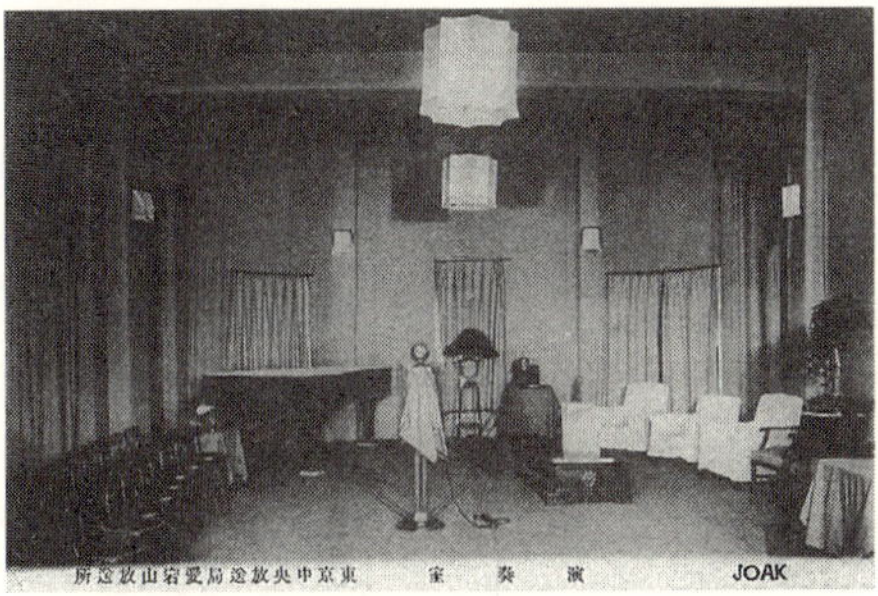

東京中央放送局の演奏室（絵葉書）

一九二七年の大喪がこのように二〇年代中頃の技術的発達を見事に発揮しているが、嘉仁の成長とともに急増した帝国日本の権力と権威にも光を照らしている。「平和日本」の時代に権力や権威が強調されるのは大きな矛盾として見られがちである。しかし、一九二〇年代の世界大勢は国家、軍隊や帝国そのものを排除するものではなく、平和を保つためにこれらを抑制するものであった。嘉仁の通夜の際、重臣達の葉山への殺到に応え、駆逐艦三隻が出動されたのは田中伸尚がいう「戦争」の証ではない（田中『大正天皇の「大喪」』、五五～五六頁）。権威ある近代国家が重要行事を見守るために行う儀礼活動である。葬儀の時に軍隊が大挙して出動されるのも依然として国家の光栄を物語ることなので、嘉仁の葬儀に軍の連隊旗が明治の時より多い六四旗も並べられていたのは目立ったことである。この「林のように立ちならぶ」旗をみて、『大阪朝日新聞』は「明治大帝大喪儀にくらべてその数の多いのは、大正天皇の御代に国威を伸べひらげられた印である」と主張している（「しめやかに葬場殿の儀」）。

大正天皇下に日本の国威が伸びたように、帝国の規模も前述のとおり、かなり拡張している。大喪においては、これは参加者の名簿で明らかである。閣僚や重臣のほかに日本領（朝鮮、台湾、樺太、関東州、および南洋諸島）の総代がすべてそろっている。（「しめやかに葬場殿の儀」）。そして、ラジオのおかげで台北やハルビン等の帝国の遠い果てまで葬儀の光景がはじめて届いた。大正天皇大礼の際の「万歳」は全帝国の日本人が「呼ばわったはず」だと伝えられていたが（以上第四章を参照）、今回は、二月七日午後一一時と八日の朝六時が政府により全国民遙拝の時間と決められ、時刻を報知するチャイムが実際広い帝国に響きわたり、放送されている（竹山『ラジオの時代』、一一一頁）。

この帝国の果てまで葬儀の様子が伝えられたというところに、やはり大正天皇の大喪の一番大きな意義がある。嘉仁が睦仁と違い、皇太子時代から一貫して近代国家を象徴してきたのは以上見てきたとおりであるが、その大喪までには日本は立派な近代帝国に成長していた。鉄道やラジオにより国民の統合性が一段と向上し、二〇年以上、御慶や行幸、壮観な行事とその溢れる報道により身近に感じた天皇が亡くなった時に有史以来未曾有の帝国民としてのアイデンティティが見られたのは不思議ではない。雪によって交通も郵便も途絶され、電話も電灯も故障していた新潟の潟田という村にも葬儀の厳粛性が直接感じられたのはその一つの証拠である。日本放送協会の『調査時報』によると、「当日弊家に祭壇を設け村民を集め、遙拝御通夜申上候。刻々に放送局より放送せらるる御葬儀の御有様殊に青山御所西門前に設置のマイクロフォンにより放送せられたる御葬列の有様を親しく拝観奉送するが如き感あり、遙拝者一同感激有難く御通夜仕候」と。そして、外地では「多数の在留邦人は……ハルビン唯一の和登ラジオ店に参集した……特に霊轜の軋る音をかすかながらも謹聴したせつなは居合せる者皆土間にひれふし」と広い範囲にわたる日本帝国民の悲しみが日本放送協会に記録されている（竹山『ラジオの時代』、一〇八～一〇九頁引用）。

2 大正天皇の功績と評価

明治天皇との比較

明治天皇の功績がその死後、ますます大きく語られるようになるのは広く知られている事実である。伊藤之雄によると、この「明治を理想化する動き」は一九二〇年一一月一日の明治神宮鎮座祭前後から始まり、東京都心に明治天皇を偲ぶ神社の建設のほかに、宮内省による明治天皇の伝記の編纂を含む明治時代の懐古的研究が徐々に盛んになり、一九二七年には睦仁の誕生日が「明治節」という祝日となった（伊藤之雄『政党政治と天皇』、一七四～一七七頁）。

一九二〇年代において明治天皇がますます話題になったのは確かである。しかし、これも漸次的なことであり、大正天皇の象徴的存在をきっぱりなくしたわけではない。反対になくなった直後の様子を見れば、明治天皇の場合と似たところが多い。嘉仁の死が睦仁の場合と同様、国民の深い感情を呼び起したと同時に、一九一二年と同じように、天皇の功績を回想する重要なきっかけとなった。古川隆久によると、大正天皇の一般的な評価は明治天皇の「創業の聖王」にたいし、「守成」の君主という評判である（伊藤『政党政治と天皇』、二三七〜二三八頁）。封建社会から近代国家への画期的な変身を主宰した天皇として睦仁の評価が特別なものであったのは確かである。しかし、嘉仁は決して「守成」の君主と思われただけではない。その評価はやはり大正時代のイメージと密接な関係にあるものだったが、天皇崩御直後の大正期の評価は後に作り上げられるうやむやなイメージとは必ずしも一致するものではない。

大正天皇崩御の日には、もうすぐ総理大臣となる田中義一《たなかぎいち》政友会総裁が哀悼の辞を発しているが、その中に一九二六年末当時嘉仁に対する最も根本的な評価が表われている。田中によると、一五年の間に大正天皇は「明治大帝の御遺業を継承あらせられ」た。しかし、継承しただけでなく、「大いに皇猷を恢張し以って帝国今日の隆運を啓かせられたる」と主張している（「哀悼の辞」『読売新聞』、一九二六年一二月二六日）。同じ時期の『国民新聞』の社説は、嘉仁が「能く明治天皇の御遺業御遺旨と御遺制とを確く守り給ひて毫も失墜せさせ給はざりし」と指摘している。しかし、この一見控えめに見える評価は、続けて読むと全くそうではなない。「毫も失墜せさせ給はざりしのみならず、或は之を恢弘し、或は之を紹述し或は又之を新たにせさせ給ひたる事も亦尠からざるべし」とある（「天皇陛下崩御を哭す」『国民新聞』、一九二六年一二月二五日）。明治天皇は近代において一大事業に着手したが、大正天皇はその遺業を守る重要な役割を巧みに果たしただけでなく、それをまた新しく有益な方向へと運んでいったという評価が広く普及されていたのである。宮内省の芝葛盛《しばかつもり》は「大正の聖代一五年の歴史を顧みれば、頗る異彩を放ったものであることは、何人も意義を狭まぬところ」であるとまで主調している（芝葛盛「大正の聖代を回顧して」『中央史壇』、一九二七年二月一日、二〇頁）。

日本産業の躍進

さて、大正時代はどのような「異彩」を放ったのだろうか。嘉仁の成長をとおして一九〇〇年から二〇年以上も強調されてきた二〇世紀初頭の近代が、天皇崩御時にも明快に伝えられている。例えば、嘉仁の世界に本格的な産業化が重要な位置を占めていたのは以上見たとおりであるが、経済的側面も、大正終焉の際に大きく強調されている。芝自身によると「国富の増進、殖産の振興」が「この十五年間に数倍の発展を見て、国運の隆昌は世界の驚目に値するものがある」（芝「大正の聖代を回顧して」、二一頁）。『東京日日新聞』は「千歳一遇の恵まれた十五年」という題名で「大正年間わが海運事業は驚嘆すべき躍進を遂げ大戦を経て全世界を股の大企業となった」ことを強調し、「大正年間は実にわが海国史上没却出来ない貴重な時代であった」と結論している（「世界的海運国へ、千歳一遇の恵まれた十五年」『東京日日新聞』、一九二六年一二月二六日）。

そして、日本銀行総裁の市来乙彦《いちきおとひこ》は「経済界においてはこの間何れも画期的の発展を遂げ、貿易は五倍となり銀行預金や銀行会社の払込資本は何れも六七倍となった」と主張し、「かかることは明治の最盛時においても経験しなかった」とまで指摘している。大正に起こった重大事件も、この大きな歴史的文脈の中において見ている。「大正九年の財界反動期におきましてもはた又大震災後におきましてもこの経済的数字に大なる萎縮の跡を示さずに今日に及びました」と述べている。結局、この経済的な側面だけをとっても大正期において「わが国は少しも国威を失墜することなく国運は益々隆盛となった」と市来は結論している（「謹んで先帝の御懿徳《いとく》を偲び奉る」『東京日日新聞』、一九二六年一二月二六日）。

経済的発展において嘉仁の時代は明治時代とかけ離れていたが、世界との交流に関しても大正期はまた格別な年代だったと同時代人に広く認められている。これはよく知られていた嘉仁の海外に対する憧れと論理的に一致していたが、京都大学の法制史学者三浦周行《みうらひろゆき》は嘉仁が「韓国に迄も御足跡を印したま」わったことが「我国史上に破天荒の例を開かせられた」と強調している。それも、当時日韓新協約が成立したばかりで韓国の人心に不満がわいてきた頃に嘉仁が「非常の御熱心を以て朝鮮語をさへ学ばせられ、重大なる御使命を御無事に果たされ」たことに大きな意義を見いだしている（三浦周行「大正時代」『藝文』、一九二八年一月、二～三頁）。

一九二七年の段階では、皇太子裕仁のヨーロッパ外遊の記憶が一番新たであったろうが、三浦はこのヨーロッパ外遊の由来を強調している。「新教育」を受けた嘉仁は践祚した当時、海外新聞により、「天皇の御治世が日本の新文明の創造を生み出されるであらうと多大の期待と同情とを寄せ奉った」。その大きな期待に応えられるようにと、皇太子をイギリスへ渡らせ、「欧州先進文明国元首とも親しく御交りになり又其文物をも御究めになった」。裕仁の弟の秩父宮殿下も海を渡り、イギリスの大学教育まで受けたが、「何れも国史あって以来未曾有の新例であった」ということであった（三浦「大正時代」、三～五頁）。

嘉仁自身は結局憧れのヨーロッパへ渡ることはなかったが、天皇として国際交流の大きな波を乗りきったというように記憶されている。歴史家の渡辺幾次郎《わたなべいくじろう》は「不幸にして天皇の御時代は短かったが、其の遺された御事蹟は、父帝を辱しむるものでなかった」と強調している。なぜなら、「国力の増進は最も著しかった。今や優に世界強国の中に列する」からであった（渡辺幾次郎「大正の政治及び社会運動」『中央史壇』〔一九二七年二月一日〕、三二頁）。芝葛盛は第一次世界大戦において、日本が「独逸に対して宣戦を布告せられ、東洋並に南洋に於けるその勢力を駆逐したのみならず、ヴェルサイユの講話会議、ワシントンの軍縮制限会議、及びその後引き続いて開かれたる国際連盟会議等、国際政治上、重大の意義ある諸会合に於て、わが国が世界強国と伍して、最も主要なる地位に立ち、且つ最も重大なる勢力を有するに至った」ことを「我が国史上空前の光輝ある場面」として誇らかに宣言している（芝「大正の聖代を回顧して」、一二一頁）。大正天皇の治世下に、日本は初めて世界強国と対等に交際することができたのである。

列強と肩を並べた日本

この交際は日本に列強なみの国力がついたからできただけでなく、大正天皇下の日本は世界の新しい大勢に潔く順応しえたからである。貴族院議員の竹《たけ》越與三郎《ごしょさぶろう》によると「陛下の御政情から申上げましても対外の政策は平和を主とすることを欲せられた」（竹越與三郎「大正天皇の御治世」東京市『大正天皇奉悼講演集』〔一九二七年二月〕、九頁）。これはやはり、第一次世界大戦後の平和の時代においては好都合で、日本はこの時期に世界平和に貢献できたからこそ列強と初めて肩が並べられたことが広く認識されていた。宮内省臨時帝室編集局御用係を勤め、明治天皇記の編纂に加わった文学博士本多辰二郎でさえも、大正時代のこの独特な要素を高く評価している。竹越と同じ東京市主催の講演会に参加した本多は「創業の君」明治天皇の時に「外国とはさう仲好くばかりは行かぬ」ことから日本に「好戦国」や「帝国主義の国」という評判がついたと指摘している。しかし、ワシントン会議の参加や陸海軍の本格的な軍縮によって、大正天皇は「日本はそんなに外国で思って居るやうな国でもなければ好戦国民でもないといふことを非常に努めて発揮遊ばされた……平和的の人民であるといふ事に就いては非常にお骨折になって、この點に就いて日本の名誉を御発揮になった」と大正天皇の「平和日本」の確たる成功を熱心に語っている（本多辰二郎「大正天皇を偲びまつりて」『大正天皇奉悼講演集』、二八〜三四頁）。総理大臣として五ヶ月間後、日本陸軍を中国山東に出兵させる田中義一でも、一九二六年一二月の段階では大正天皇の大きな功績を「世界平和の為め赫々たる聖鑑を垂れさせられ帝国の地位をして愈よ世界に重からしめ給ひ世界列国との交際を益々深厚ならしめられ」たことを堂々と取り上げている（「哀悼の辞」）。

平和の第一年を迎へて

（北沢楽天画，1919年１月。日本は列強とともに「新世界」を建設しようとしている）

一夫一婦制導入

崩御直後の大正天皇は、このように日本が明治時代に発揮した光栄をますます光り輝かせたということが大きかったが、皇太子時代から嘉仁についての近代的な夫や父のイメージも広く論ぜられた。本多辰二郎によると嘉仁は「皇后陛下とも実に琴瑟相和《きんしつそうわ》し、御美しい大奥の有様でありました。」（本多辰二郎「大正天皇を偲び奉る」『中央史壇』〈一九二七年二月一日〉、一六頁）。この「御夫婦中の御睦まじいといふこと」は嘉仁が病気になったときに「皇后さまが非常にお骨折りで晝夜御看護遊ばされた」ところで明らかだったが、「私共涙がこぼれるやうな有様」だった（本多「大正天皇を偲びまつりて」、四五頁）。

しかし、この「琴瑟相和」した夫婦関係は、より根本的な宮中改革によるものであった。三浦周行によると、宮中の大きな改革の一つに一夫一婦制の導入がある。「皇室に於ては古来の御慣例に依らせられて御腹の変わらせられた皇子皇女のおはしますを例としたが、大正天皇の御代になって、ここに初めて其跡を絶たれた」（三浦「大正時代」、五頁）。本多辰二郎もこれを認め、昔の日本において「大名でもその奥には婦人が沢山居って、お家騒動といふ事が大名などには沢山起こった例があります。」しかし、嘉仁の時から宮中の様子が一変した。「大正の御代ほど宮中の美しく治まったことはまことに少ない」と本多はみている。よく治まったからこそ、「只今の皇太后陛下のお腹にお四人も立派な皇太子さまが出来させられた。」そして、これは「実に日本の二千五百年の間に初めての現象であります」と夫婦関係において大正時代は如何に画期的な年代だったかを本多は明らかにしている（本多「大正天皇を偲びまつりて」、四三～四四頁）。

昭和天皇，三笠宮，高松宮，秩父宮
（左から順に，1921年9月5日，日光田母沢御用邸にて）

この皇子四人というところに、国家の第一家族の大正期の独特性が窺われる。本多は「昭和の聖天子を始め四柱の皇子が有せられて、皇室の御繁栄は誠に近古見るべからざる御盛事」だと主張し、嘉仁生存中の報道を思い出させている（本多「大正天皇を偲び奉る」、一七頁）。そして、大正天皇の病気の時の様子からこの第一家族の「繁栄」を特に指摘している。皇后節子が我を忘れて看護していたが、「その時分の東宮さま、東宮妃その他御兄弟であらせられる内親王様方が皆詰めて御看護遊ばされた」ことに大正天皇の真の幸福が見られると本多は論じている。明治天皇崩御前の様子と対照的であった。兄弟もなく、子供が一人だけで、後の内親王はまだ幼年だったので「明治天皇さまはまことにお淋しかったろうと思ふ」。したがって、本多は「大正の帝は明治天皇さまから比べまして、寧ろ御幸福であったやうに思はれる」と回顧するのである（本多「大正天皇を偲びまつりて」、四四～四五頁）。竹越與三郎は嘉仁にとっての最後の病床生活にもかかわらず、「新天皇を始めとし、お子達は寔に心身共に立派なお方で、国民尊崇の的となってをるところを見られては、定めて御満足であったらう」と認識している（竹越與三郎「大正天皇の追憶」『中央史壇』、一九二七年二月一日、六七頁)。

嘉仁が心豊かで温かい家族に恵まれていたというイメージがこのように崩御直後にもまだ続いていたが、国民との関係にその最有意義の功績があったように見えた。究極的には、これは「民本主義」の促進方針であったが、渡辺幾次郎は大正時代の最も大きな意義を「政治の国民化及び国民生活の安定」だとしている(渡辺「大正の政治及び社会運動」、三三頁)。芝葛盛によると、「大正聖代に於ける最も光輝ある一面は、之を内にしては普通選挙法の制定」だと主張している(芝「大正の聖代を回顧して」、二二頁)。

普通選挙法の制定

近代日本史の通説において、ドイツ、ロシア、オーストリアやトルコ皇室の崩壊を目のあたりにし、二〇年代は日本の皇室にとって「危機」の時代とされているが、大正天皇がなくなった段階では、この「危機」を乗り越える大きな鍵が発見されていたのである。三浦周行は「大戦の結果、革命が行はれて各国の帝室の間に幾多悲劇の演ぜられた」ことを認めながら、日本の独特な状況を強調している。大正時代の「一美事」として、「皇室と国民との間が一層接近した事」をあげ、世界の皇室の間にあって「独り我皇室の日増に隆昌を加へさせらるるは決して偶然であるまい」と結論づけている。そして、芝葛盛と同じように、その最も根本的な根拠として普通選挙を大きく取り上げている(三浦「大正時代」、六頁)。

古川隆久は普通選挙法の制定などは摂政の下に実現され、「大正天皇は何の関係もなかった」と指摘している(古川『大正天皇』、二一三頁)。しかし、健康の都合で嘉仁が直接関わらなかったにしても、これは皇太子時代から見られた自由な態度と一致していて、普選が同時代人によって大正天皇と連想して考えられるのは不思議ではない。『国民新聞』は嘉仁が「臣下に親しみを持たしめ給ひしことは諸事逸事を拝聞するに従って、益々其の有難きを感じ奉る」と主張しているが（「天皇陛下崩御を哭す」）、本多辰二郎はこれを皇太子の婚約において最も明確に見いだしている。当時、嘉仁は「只今の皇太后陛下とは御同乗で、あの時分には幌馬車に召されて、それで幌を取ってしまって、ずっと露はになって拝観者によく拝観の出来るやうに遊ばした」。この「開放的な、平民的な御挙動」は本多が「まことに有難いこと」とみている（本多「大正天皇を偲びまつりて」、四七頁）。竹越與三郎も結婚式にふれ、節子妃もこの「平民的」な評価に十分貢献していることを強調している。「此皇太后陛下は学校にをられ、民間にもをられ、深く人民の態度を御承知である」と（竹越「大正天皇の追憶」、六四頁）。

以上に見たとおり、嘉仁は皇太子時代の行啓において、この「平民的な挙動」を見事に演じたが、亡くなった直後の評価にもこの行啓は大きな位置を占めている。本多によると、嘉仁は「殆ど全国を御巡啓遊ばされ、其の際御視察が精密に亘らせられ、周到なる寄警なる御下問等を蒙り、御先導の知事とか、説明者など恐縮申した」（本多「大正天皇を偲び奉る」、一三頁）。『中央史壇』の大正天皇崩御の特別号の冒頭に、天皇の資料としては珍しく、一九〇〇年一〇月の行啓からの嘉仁の日記が紹介されている。この「大正天皇御記」は九州において訪れた施設や人物が、簡単ではあるが嘉仁自身の声で詳細に語られ、明治天皇の場合には見られなかった親密さを読者に与えている。日記最後の一〇月三一日には「今回の旅行に就き、沿道各地至る所、文武高等官、諸学校男女生徒、其他一般人民の送迎甚だ盛なりし」と嘉仁は残している（「大正天皇御記」『中央史壇』、一九二七年二月一日、九頁）。この貴重な資料には予想通り注文が殺到し、結局『中央史壇』特別号を三版発刊するまでになった（「編輯後記」『中央史壇』、一九二七年二月一日、一〇六頁）。

国民と密接な関係が皇太子時代にとどまることなく、天皇になってからも十分発揮されたと竹越與三郎は主張している。普通選挙がその究極的な事実であったが、竹越によると摂政が置かれた以前にも大正天皇はより広い範囲の政治を行っていた。すなわち、「薩長以外」の人々を「呼戻して政治をさして見やうといふお考へがあった」のである。特に大隈重信はその典型的な例だったが、「独り大隈ばかりでなく、薩長以外の旧老臣をお集めになるといふお考」だった。「陛下が薩長以外の老臣をお近付けになったと云ふことは誠に思召のあったこと」と竹越は判断している（竹越「大正天皇の御治世」、七～八頁）。

普選実現の祝賀会
（壇上は箕浦勝人，1925年５月５日）

嘉仁が亡くなった直後には、その功績は存命時と同じように広く認められ、明治天皇の偉業とけっして劣ることのないものとされていたのである。大正天皇の在位中、「明治大帝維新の大鴻業は既にこの時邦家萬般の文運とみにあがれるもの」だったと『中央史壇』の特別号は認識している。しかし、その認識が「ありとはいへ、大正の御代ほど国運の隆昌、治政の文化の上に一大躍進を見た事はなかった」と編集者は強調し、三〇頁あまりに及ぶ「御治績」の年表を最後に載せている（「大正の御治績一般」『中央史壇』、一九二七年二月一日、七七〜一〇五頁）。冒頭で見たように、この積極的な評価は海外においてもなされ、『ニューヨーク・タイムズ』は嘉仁が「国民をどんどん広がる物質的前進に導いた」天皇と主張したり（Hugh J. Schuck, *Yoshihito Buried in Splendor of Old*, 『ニューヨーク・タイムズ』、一九二七年二月八日、一頁）、『ロサンゼルス・タイムズ』によると嘉仁は「『世界平和や国際道徳に関し、進んだ思想』の持ち主」だった（*Emperor of Japan Dies : Hirohito Assumes Reins*, 『ロサンゼルス・タイムズ』、一九二六年一二月二五日、三頁）。

3 「悲運」の大正天皇

忘れられる功績

崩御直後まで広く語られたこの大正天皇の高い評価は、しかし、近代日本史の通説とあまりにも対照的で腑に落ちないことである。嘉仁の評判はどのように「世界平和や国際道徳に関し、進んだ思想の持ち主」から「病弱」な天皇にまで一変したか。まず指摘すべきは、大喪後の嘉仁をめぐる報道は一段と少なくなることである。これは明治天皇の場合と同じことであるが、当然ながら天皇の死とともに国民の注目が新しい天皇に集中することがある。それは新聞における新天皇の紹介や践祚した直後の新天皇や皇后の皇城前の行幸から始まるが、通例二年後に行われる大礼もこの注目の推移を大きく物語る。一九一五年一一月の大礼が嘉仁を二〇世紀日本の決定的なシンボルにしたと同じように、一九二八年一一月の大礼は昭和天皇の国家の中心的存在を確立した。

死とともに「先帝」の話はこのように自然に少なくなるのであるが、明治天皇の場合は、時間が経つにつれ、再び大きな話題となっていく。前述のように一九二〇年には明治神宮の落成とともに鎮座祭が行われ、一九二七年には睦仁の誕生日が祝日となり、宮内省編纂の『明治天皇記』が着々と進められる（「編纂進む『明治天皇記』、完成は四年後」『東京日日新聞』）。そして、全国の大衆向けに徹した『キング』という新雑誌が明治天皇の特集を四ヶ月間も連続して行っている。このような死後の名声は嘉仁には確かになかった。

しかし、これは嘉仁が「君主としての信頼や尊敬を獲得することはできなかった」という古川隆久の結論を裏付けるものではない（古川『大正天皇』、二四四頁）。まず思い出すべきは、この明治天皇を記念する動きは在位中の大正天皇に決して影を落とすものではなかった。伊藤之雄は五〇万の人出を記録した鎮座祭を「国民の熱狂的な参拝」と呼んでいるが（伊藤『政党政治と天皇』、一七六頁）、その五年前、嘉仁が大礼から帰ってきた東京駅で待ち受けていた三〇〇万人を当然大きく下回っている。

明治天皇記念ブーム

より重要なのはこの明治天皇を記念とする二〇年代の動きは単に政府や国民の睦仁に対する特別な感情を代弁するものだけではないことである。より具体的な状況に由来するものである。

まず明治神宮の建設であるが、これは睦仁の御陵の場所をめぐる論争から出たものである。宮内省は明治天皇崩御直後に御陵を京都の伏見桃山にすると発表した。しかし、近代日本の首都はもはや東京であり、四〇年以上も東京で明治天皇とともに過ごした国民の間には、睦仁を祭る場所を東京に立てたいという声が高まった。これを受けて、一九一三年に神社奉祀調査会が設置され、一九一五年一〇月から代々木にあった皇室のご料地と南隣の陸軍練兵場に神宮の工事が始まった（皿木『大正時代を訪ねてみた』、一七〇～一七一頁）。明治神宮の建設は要するに、国民の睦仁に対する特別な感情というより、明治天皇がいかに二つの世界（幕末と近代日本）にまたがる存在だったかを最も顕著に物語る一こまなのである。古川隆久は大正神宮が立てられなかったことを大正天皇の影の「薄い」証拠としてあげているが（古川『大正天皇』、二四五頁）、嘉仁は明治天皇と違って御陵は東京に設置された。多摩陵そのものは嘉仁の「大正神宮」であり、前述のように崩御直後には御陵を参拝する国民は大勢いた。

次は「明治節」の設定や『明治天皇記』の編纂などをめぐる二〇年代後半の明治天皇記念ブームであるが、これも根本的に睦仁への自発的な「憧憬」の現れとか、「多難な時代」を乗り越えるための運動ではなかった（伊藤『政党政治と天皇』、一七五～一七六頁）。より具体的な事由は、一九二七年は明治期発祥の還暦にあたる年であり、「明治大帝の御聖徳」や「明治昭代の大業」（「厳かに宮中祭典、各地で賑わい」『大阪毎日新聞』夕刊、一九二七年一一月四日）を記念すべきという感情が広く抱かれたことである。天皇に次いで大正期のシンボルとでもいうべき吉野作造でさえ、このころ明治文化研究会というのをつくり、一九二七年から二九年にかけて、明治期のさまざまな資料文献を収録した『明治文化全集』（全二四巻）を刊行している（三谷太一郎『近代日本の戦争と政治』、二九一〜二九二頁）。

明治天皇の誕生日はこのような状況から祝日として生まれ変わったが、昭和天皇の誕生日も祝日となる具体的な歴史的背景があった。それは敗戦後、皇室の将来が疑われていたころにどうにか昭和天皇を保護しようとする動きから登場したものである。四月二九日の「天皇誕生日」という祝日は一九四八年七月二〇日の祝日法によって設定された。

明治神宮鎮座祭に参集した参拝者の群れ
（青山表参道入口にて，1920年11月１日）

大正天皇はその誕生日がまだ祝日になっていない唯一の近代天皇であるが、以上から見れば、その理由は決して記念すべき事象がないからではないことは自明である。たまたま両天皇ほど簡単に嘉仁の祝日が設定できる状況に恵まれていなかったからである。明治天皇は明治期の還暦祭があり昭和天皇には敗戦直後の複雑な政治的背景があった。そして、大正期発祥の還暦にあたる一九七二年には、世の中は大幅に変わり、嘉仁を記念しようとする動きが出にくかったのは当然であろう。

大正天皇が死んだ直後に明治期の還暦が広く祝われたことはもちろん、嘉仁の長期的評判に大きな影響を及ぼさざるを得なかった。「平和日本」の花盛期に明治天皇の功績が広く論ぜられるようになるのは皮肉なことである。二〇世紀の近代を見事に象徴した嘉仁ではなく、近代日本に対してますます違和感を感じた睦仁の方が「平和日本」の重要な柱として取り上げられるようになるからである。例えば、「平和日本」のもう一人強力な代弁者幣原喜重郎《しではらきじゅうろう》外務大臣が一九二九年一一月一一日（第一次世界大戦の休戦記念日）に、日本は国際平和へますます貢献すべきだという声明をラジオで放送したことにおいて、明治天皇の遺言で最後を締め括っている。睦仁の勅語に「文明を平和に求め、列国と友誼を篤くして以て東洋の治安を永遠に維持」との文言を見つけ、「この偉大なる萬世に伝ふべき偉大なる御遺訓の示し給へる方針に依って我が国運の前途を開拓することが、政府並に国民の貴重なる使命であり、義務である」と幣原は力説している（幣原喜重郎「国際平和に関する世界の大勢」『国際知識』、一九三〇年一月、一二頁）。

語られない理由

吉野作造や幣原喜重郎も二〇年代後半の明治天皇の記念ブームにのっていたのは十分理解できる。しかし、大正天皇の功績がすでに一九二九年の段階ですっかり語られなくなるのは少々不思議なことである。そこで指摘しなければならないのは、大喪後、嘉仁をたたえるのによいきっかけがなかっただけでなく、それを妨げる大きな要素が二つあったことである。

一つは、やはり晩年の嘉仁の不健康のことである。摂政下においても大正天皇は近代的側面を発揮し続けたのは以上見たとおりである。しかし、病状がいったん「脳膜炎様の御疾患」と正式に発表されるとその精神状態についていろいろな逸話が流れるのはやむを得ない。政治学者の丸山眞男《まるやままさお》が回想しているように、ちょうどこの一九二一年一〇月の発表の頃、丸山が小学校二年の時に、天皇が「勅書を読むときに丸めてのぞきめがねにして見た、というような真偽定かでないエピソードは小学生の間でも話題になっていた」（丸山眞男『丸山眞男集』、第一五巻、一五頁、原『大正天皇』、一〇～一一頁引用）。そして、天皇崩御後、侍医の荒井恵が「大正天皇は、世間の一部で、ひそかに噂されるような精神薄弱なお方では断じてなかった」と断言し、逸話が広く流れていたことを物語っている（芦沢紀之編『秩父宮雍仁親王』、二六九頁、原『大正天皇』、二六二頁引用）。

精神状態に関する逸話が多く存在するかぎり、大正天皇の功績を大々的に語るのには確かに不都合である。しかし、一九二九年以降、嘉仁の象徴的存在がすっかりなくなっていることにより大きな原因がある。第一次世界大戦が日本国内に大きな変化をもたらしたのは第五章で見たとおりである。そして、「平和日本」の概念が公式の国家構想になったにもかかわらず、それをめぐる大きな論争が続いたことも示唆した。明治期の還暦が日本国民一般に歓迎されたが、その祝賀がこの「平和日本」をめぐる論争の沼の中に沈んでいったのも確かである。「平和日本」の歩みを僻目で見る人々によって、明治期の功績が特に語られるようになったのである。

明治天皇は封建社会から近代国家への大事業のシンボルとして一般的に評価されていたが、晩年より「伝統的」なイメージの方が「平和日本」の反論を試みる人々にとって好都合であった。晩年の明治天皇は以上見てきたように、近代に対する違和感を抱くようになり、そのことが時間が経つにつれ、「明治大帝」のイメージをだんだん強く色付けるようになる。例えば、亡くなる直前の『東京朝日新聞』は睦仁の病室の様子を記述して、「聖上陛下の常の御殿に一切様式の設備を遠ざけさせ給ふは、陛下御幼少の頃京都中山邸に御成長ありて、御謙徳と日本式の極めて質素なる生活の習慣を得させ給へるに依る」としている(「聖上後病室――純日本風と排承」)。睦仁の陵墓や明治神宮も同じ「日本式」スタイルを踏襲発揮し、桃山の御陵は七世紀の天智天皇の陵墓をもとにして立てられ、神宮は伝統様式の建築家伊東忠太《いとうちゅうた》によって設計された(Finn, *Meiji Revisited*, p. 246)。

このようなイメージをもとに、大東文化協会の機関紙『大東文化』は一九二八年一月に明治天皇の遺業を完成するよう読者に訴えている。「思へば、明治四十五ヶ年は、更生の日本が世界に踏み出す難行苦行の準備時代、建設ならば基礎工事であった……見よ。『白人文明』の大厦は刻々に傾きつつあるではないか。これに取って代わるべき吾等の建築の完成を急げ」と(「昭和第二春を迎ふ」『大東文化』、一九二八年一月、一頁)。

一九二八年の段階では、明治を日本独特の精神の象徴として持ち出し、「平和日本」の流れを打倒しようとする声はまだ少数派であったが、満州事変以後は、主流となっていった。一九三二年一月の大衆雑誌『キング』における明治期のイメージは、二〇年代後半の明治記念ブームの場合と対照的なものであった。一九二九年に幣原喜重郎は明治の遺業を「文明を平和に求め、列国と友誼を篤くして」というふうに定義したが、一九三二年には衆院議員永井宇太郎がそれを「保健政治を転覆し、明治政府を樹立して政治上国防上及び教育上国民能力総動員の大精神を確立して、外国に対抗し得る新勢力を建設せむとした」というところに見いだしている。この満州事変以後の論争には二〇年代の国際協調の精神が薄く、日本独特の歩みが大きく語られている。「明治維新の大業は実に国文学の復興により、日本国民独特の民族精神を把握し、新しき国民的自覚に燃ゆるに至った青年が……自ら代って国家を存亡の危機より救はむとしたる真剣なる愛国心の発露に外ならぬ」と永井は力説している（永井宇太郎「全日本青年諸君に激す」『キング』〔一九三二年一月〕、一一七〜一一八頁）。

まさに、永井等がこの「日本国民独得の民族精神」と叫んだ時代に、大正天皇の功績がすっかり忘却の彼方に沈められたのは十分理解できる。三〇年代の「志士」は第一次世界大戦後の「平和日本」の要素（国際連盟、軍備縮小、植民地における「文化統治」、普通選挙権、政党内閣制など）を一つひとつ棄却し、日本における「西洋的」スタイルをなるべく排除しようとした。皇太子時代からこの西洋的スタイルを積極的に採用し、天皇時代には「平和日本」の最大のシンボルとなった嘉仁はこの「大東亜共栄圏」へと流れていく新時代に不都合であったことはいうまでもない。

大正天皇御製詩集

大正の功績がこのように消えていくのを特に痛感したのはやはり節子皇太后であった。それを何とか食止めようとし、「新体制」のムードにあわせて嘉仁の伝統的要素をアピールしようとした。一九三〇年代中頃に皇太后は大正天皇が天稟の詩人であったことを広く宣伝するために「大正天皇御製詩集」の刊行を積極的に進めた。宮内省御用係の木下彪《きのしたとおる》によると、皇太后は「明治天皇を追抑する余り大正天皇を忘れ過ぎて居る。せめて御製集でも作って御霊を慰めねばならぬ」と考えていた（木下編『大正天皇御製詩集』、三頁）。「大正天皇御製詩集」は結局一九四六年に宮内省によって刊行されたが、木刻限定版数百部しか出されず、嘉仁の再評価に至らなかった。戦後、同じ頃の昭和天皇の回想に「明治天皇の定められた憲法」とか「明治天皇に対し申し訳ない」という文句があり、終戦を決定した一九四五年八月一〇日の御前会議においても裕仁は「明治大帝が三国干渉の時忍ばれたる御心を心として」と強調している。しかし、父宮嘉仁への敬意は一言も発言していない（岩井忠熊「西園寺公望と「国民国家」の形成」西川長夫・渡辺公三編『世紀転換期の国際秩序と国民文化の形成』、六四頁）。大正の最盛時からほど遠い世界となってしまったのである。

悲運の天皇

近代日本史の通説において、大正天皇の死は無意義のことと思われ、ほとんど言及されていない。しかし、生存中二〇世紀初期日本の最大のシンボルとなった嘉仁の最後は同時代人に無視されたわけではなかった。実際、大正天皇のために睦仁の時代を髣髴とさせるほどの通夜と大喪が行われ、偉大なる天皇にふさわしい敬意が払われている。しかも、その敬意はラジオや鉄道のような近代の施設を大いに利用して、嘉仁の時代に適した方法で発揮されている。

嘉仁の功績についても通説の歴史はあまりふれない。取り上げられるとすれば、明治天皇の「創業の聖王」にたいし、大正天皇は「守成」の君主だったといわれるのがおちである。しかし、明治天皇が封建社会から近代国家への推移を主宰した天皇として特別な評価がなされているにしても、亡くなった直後の嘉仁の評価は決してこれに劣ることはない。嘉仁在位の時と同様、大正は国家の経済的発達や国際的位置の著しく向上した時期と考えられ、嘉仁自身の海外好きを反映して、国際交流、特に戦後の国際的平和文化と一致同心した時代だったとされていた。一九〇〇年の婚礼以来築かれてきた天皇皇后の「琴瑟相和」した夫婦の評判や四皇子をも育てた皇室として珍しく豊富な家族のことも大きく語られていた。そして、また皇太子時代から「皇室と人民との接近」という自由な雰囲気をもとに戦後の「平和文化」時代に最もふさわしい政治である普通選挙が制定されたのは、「大正聖代に於ける最も光輝ある一面」といわれた。

嘉仁のこの高い評価は亡くなる直後まで続いたが、それ以後、この二〇世紀初頭の強力なシンボルは急速に消えていく。一つには亡くなった後の当然の記憶の薄らぎがある。しかし、大正天皇の場合はこれとは別に、三つの不幸な事情に直面している。第一は、やはり、「脳膜炎様の御疾患」と発表せられ、精神病者という芳しからぬ評判がついたことである。しかし、これはいわれるほど大きな問題ではない。より重大なのは第二の不幸な事情、すなわち、明治天皇の功績がますます語られるようになったタイミングである。

これは必ずしも睦仁の功績が特別に目立ったからだけではない。より具体的にいえば、一九二七年は明治期の還暦にあたった年である。明治期の確たる成功を祝うよいきっかけであった。しかし、第一次世界大戦後の新しい国家構想が激しく論争される時代に、晩年からだんだん色濃くなった明治天皇の「伝統的」なイメージの方が「平和日本」の反対論者達に都合がよかったのである。二〇年代末の段階ではこの「平和日本」を打倒しようとする者はまだ少数派だったが、満州事変以降は主流となった。そして、「日本国民独特の民族精神」を強調するこの一九三一年以降の世界に「伝統的」な明治天皇のイメージが時代を逆流し、「西洋的」な大正天皇のイメージがすっかり忘却されたのは驚くべきことではない。

古川隆久は大正天皇は「悲運」の天皇だったと結論している。悲運は確かに悲運であったが、古川氏が説明するようなことだからではない。大正天皇の功績から考えてみれば、最も問題だったのは不健康のこととか国民の明治天皇に対する過剰な尊敬ではない。生きている間に広く国民に愛され、皇室史上珍しく豊富な家族に恵まれていた嘉仁の最大の悲運は、三〇年代において日本帝国が平和と国際協調の道から脱出したことである。逆説的にいえば、大正天皇はその最大の悲運の中にあったからこそ実に二〇世紀の日本の具象だといわざるを得ないのである。

終章　歴史のなかの大正天皇

1　近代国家の華麗なる象徴

明治と大正

日本において、明治「大帝」ほど敬意が払われる天皇はいない。近代日本建設の最大の象徴であるから当然のことであろう。しかし、皮肉なことに睦仁は、根本的には幕末の人間であった。幕末の京都に生まれ育ち、東京を中心とする近代日本において皇位についた時はすでに一五歳に達している。天皇として画期的な日本国の変身を主宰したが、最後まで幕末の京都人でいて、そのために近代日本の天皇として唯一その御陵は京都に置かれている。

睦仁が「聖王」であったことも確かであろう。長年の経験を重ね、日本の盛時ともいうべき時代を優れたバランス感覚をもって育成させたことは明白である。しかし、忘れてはならないのは近代国家の建設は明治天皇自身の構想ではなく、青春時代に無理矢理課された大事業である。立憲君主制における君主は必ずしも国の根本的構想を決める立場にはないが、睦仁の場合はその構想を決めなかっただけでなく、それを問題化することになったのである。伊藤之雄が指摘しているように、若いころの明治天皇は側近が勧める国家建設の大事業を本格的に促進したが、一八八〇年代あたりから急進的な西欧化に違和感を抱くようになる（伊藤『明治天皇』、二八〇頁）。侍医のベルツ氏は一八八九年一月の宮城移転の際に睦仁が嫌々ながら移動したことをみて、天皇は「改変を好まれない性質」とまで主張している（『ベルツの日記』、上、一三三頁〔一八八九年一月一二日付〕）。晩年の明治天皇は行幸が少なくなるが、その理由の一つにはこの近代日本の急速な変化に対する反発感があると考えられる。

「無意義」な天皇？

これとは対照的に、普段、国民の信頼を受けなかった存在感の薄い天皇とされる大正天皇はまさに新しい近代国家日本の産物であり、その近代国家の華麗な象徴であったといわざるを得ない。嘉仁は東京生まれ、東京育ち、東京でまた埋葬された史上初めての天皇で、近代教育制度や近代的皇室の最高の産物であった。そして、二〇世紀の日本を、産業化が進んだ、力強い、統一されたヨーロッパ的な近代帝国日本を睦仁をしのぐほど見事に象徴した。

日本の二〇世紀は、世界中広く見られたように、第一次世界大戦によって大きく変わった。帝国主義時代から国際強調主義時代へと推移する中、日本の元首が皇太子時代から海外への憧れで広く知られていたのは好都合であった。そして、健康の悪化で大きな国家行事に出られなくなるのも、ある意味では新しい時代の精神によくあったことだった。兵隊式や観艦式の天覧より皇后と皇子との穏やかな時間のニュースの方が天皇のイメージに大きな影響を与えるようになるのは、やはり、「平和日本」

を促進するのに好都合であった。

2　一五年戦争と大正天皇

歴史は大正天皇を冷淡にあしらってきた。嘉仁の西洋的、国際的イメージと正反対な方向に走り出した「一五年戦争」はこの二〇世紀初頭の近代を見事に象徴した皇帝の歴史的映像を消滅させた。そして、大正期の功績が完全に忘却されたことによって、日本の皇室全体に歪んだイメージがついてしまった。第二次世界大戦後、歴史家は長い間、戦争下の天皇を典型とし、皇室の歴史をこの時点からさかのぼって語り続けた。「天皇制」は日本独特なものというイメージができ上がり、世界歴史の流れからほど遠い存在になってしまった。

皇室の典型として

こういった大勢とは逆に、大正天皇を皇室の典型と考えたとしたら、皇室の歴史、いや、近代日本そのものの歴史に全く異なる色合いがつく。日本の近代皇室がヨーロッパにおける世界主流の皇室と似たような歩みをしているのが明らかになり、近代日本史の流れも一般の世界史の中により「普通」に見えてくるのである。

嘉仁の長男裕仁が「一五年戦争」の中核に立っていたにもかかわらず、戦後そのイメージがすっかり改新され、経済大国日本の最大のシンボルになったのはきわめて興味深い話である。これはやはりジョン・ダワーやハーバート・ビックスが指摘するように、アメリカの日本占領における皇室保存政策に大きく由来し（Bix, *Hirohito and the Making of Modern Japan*, John Dower, *Embracing Defeat*）、昭和天皇の長命にもよることであろう。しかし、占領国の政策や長命だけでこの新しいイメージが完璧に確定されることはできない。嘉仁の「近代」と連携しないかぎり、戦後の昭和天皇、いや、近代日本の皇室そのものを理解することは不可能である。

大正天皇の世界

大正天皇は二〇世紀初頭の日本の近代化を見事に象徴しただけでなく、世界の皇帝にとって画期的な時代における日本皇室の確たる近代化を表す重要な存在でもある。今の日本の皇室はあらゆる意味で嘉仁の「近代」に由来するものである。婚礼、大礼や大喪、重要行事において進められる順序の多くは嘉仁の時に初めて設定され、皇室のヨーロッパ的スタイルも嘉仁の時に初めて完成されたものである。

明治神宮のような華麗な記念物がないから大正天皇の歴史的な影が薄いと思われがちである。しかし、よく考えれば、現実はずいぶん違う。嘉仁の影が薄いと思われるのは一つには、それが現代日本に完全に融合されているからである。明治天皇の影の大きさは、逆に、ある意味では明治が我々と全然別な世界に存在することを物語っている。別の世界だからこそ目につく。

今の皇室の恒例やスタイルには嘉仁の時代に由来するものが多いが、二一世紀の近代にも無意識のうちに溶け込んでいるから、大正天皇を思い出させることはない。記念建築についても同じことがいえる。嘉仁には華麗な記念建築が建設されなかったわけでは決してない。ただ、その記念建築が二一世紀の世界に融合、継続されているから大正天皇を思い出させないだけである。

嘉仁のために偉大なる建築物が二〇世紀初頭に三つも建てられている。東京国立博物館の表慶館、赤坂離宮と東京駅である。明治神宮のように「大正」と天皇をさす表札はついていないが、実物にはそれ以上の魅力があるように思われる。この建築物は三つとも現代日本の重要な国家施設として保存され、未だに広く利用され、現代日本の国民生活に大きな役割をはたしている。大正天皇と近現代の日本はいかに密着しているかを十分物語っているのである。次回、このいずれかの施設を利用する際には、大正天皇の優れた功績を少しでも思い出していただけたら幸いである。

参考文献

公判資料など

トク・ベルツ編（菅沼竜太郎訳）『ベルツの日記』上・下（岩波書店、一九七九年）
福沢諭吉『西洋事情』一八六七年
原圭一郎編『原敬日記』全六巻（福村出版、一九八一年）
波多野澄雄他編『侍従武官長奈良武次日記・回顧録』全四巻（柏書房、二〇〇〇年）
伊藤隆、広瀬順晧編『牧野伸顕日記』（中央公論社、一九九〇年）
木下彪編『大正天皇御製詩集』（明徳出版社、一九六〇年）
近衛文磨『戦後欧米見聞録』（中央公論社、一九八一年）
松尾尊兊編、吉野作造著『中国・朝鮮論』（平凡社、一九七〇年）
岡義武・林茂校訂『大正デモクラシー期の政治——松本剛吉政治日誌』（岩波書店、一九五九年）
大山梓編『山県有朋意見書』（原書房、一九六六年）
『臨時帝室編修局史料「明治天皇紀」談話記録集成』全九巻（ゆまに書房、二〇〇三年）
坂野潤治他編『財部彪日記』全二巻（山川出版社、一九八三年）
東京市『大正天皇奉悼講演集』（東京市教育局、一九二七年二月）
生方敏郎『明治大正見聞史』（中央公論社、一九七八年）

未刊行史料

「牧野伸顕関係文書」（国立国会図書館憲政資料室所蔵）
梨本伊都子「愛蔵アルバム」（青梅きもの博物館所蔵）
内政史研究会編「内政史研究資料」（ハーバード大学所蔵）
「大正天皇実録」（宮内庁書陵部所蔵）

新聞・雑誌・版画・小説

朝日新聞社編『朝日新聞「復刻版」明治編』（日本図書センター、一九九二年）
朝日新聞社編『朝日新聞「復刻版」大正編』（日本図書センター、一九九二年）
『中央公論』
『中央史壇』
『大東文化』
丹波恒夫『錦絵にみる明治天皇と明治時代』（朝日新聞社、一九六六年）
『風俗画報』
『藝文』
Illustrated London Times
『キング』
『国際知識』
小西四郎『錦絵、幕末明治の歴史』全一二巻（講談社、一九七七年）
Los Angeles Times

中山泰昌編『新聞集成明治編年史』全一五巻（新聞集成明治編年史編纂会、一九三六年）
夏目漱石『こころ』（新潮社、一九五二年）
New York Times
『日本の近代』
昭和ニュース事典編纂委員会編『昭和ニュース事典』全九巻（毎日コミュニケーションズ、一九九〇〜九四年）
『新聞集録大正史』全一五巻（大正出版、一九七八年）
『太陽』
大正ニュース事典編纂委員会編『大正ニュース事典』全八巻（毎日コミュニケーションズ、一九八六〜八九年）
Wall Street Journal

伝記・自伝・回想録

Bix, Herbert P., *Hirohito and the Making of Modern Japan* (Harper, 2001)
秩父宮『思い出の記——秩父宮雍仁親王文集』（龍星閣、一九六四年）
秩父宮雍仁親王『皇族に生まれて』（渡辺出版、二〇〇五年）
古川隆久『大正天皇』（吉川弘文館、二〇〇七年）
原武史『大正天皇』（朝日新聞社、二〇〇〇年）
井上馨侯伝記編纂会編『世外井上公伝』全三巻（原書房、一九六八年）
伊藤之雄『明治天皇』（ミネルヴァ書房、二〇〇六年）
Kennedy, Captain M. D., *The Military Side of Japanese Life* (Westport, CT: Greenwood Press, 1973)
Keene, Donald, *Emperor of Japan: Meiji and His World, 1852-1912* (NY: Columbia University Press, 2002)

古田島洋介『大正天皇御製詩の基礎的研究』（明徳出版社、二〇〇五年）
工藤美代子『国母の気品――貞明皇后の生涯』（清流出版、二〇〇八年）
宮内庁『明治天皇記』全一二巻（吉川弘文館、一九六八～七七年）
Large, Stephen, *Emperors of the Rising Sun : Three Biographies*（Tokyo : Kodansha, 1997）
毎日新聞社編『天皇四代の肖像』（毎日新聞社、一九九九年）
村上兵衛『守城の人――明治人柴五郎大将の生涯』（光人社、二〇〇二年）
梨本伊都子『三代の天皇と私』（講談社、一九七五年）
大隈侯八十五年史編纂会編『大隈重信八十五年史』全三巻（原書房、一九七〇年）
小田部雄次『梨本伊都子妃の日記』（小学館、二〇〇八年）
春畝公追頌会編『伊藤博文伝』全三巻（原書房、一九七〇年）
高木八太郎編『大正天皇御治世史』（教文社、一九二七年）
高松宮宣仁親王伝記刊行委員会編『高松宮宣仁親王』（朝日新聞社、一九九一年）
威仁親王行実編纂会『威仁親王行実』全二巻（高松宮家、一九二六年）
鶴見俊輔・中川六平編『天皇百話』全二巻（筑摩書房、一九八九年）
山川三千子『女官』（実業之日本社、一九六〇年）
湯本武比古『湯本武比古選集』（湯本武比古信濃教育会、一九五五年）

研究書・論文など

Cannadine, David, "The Context, Performance and Meaning of Ritual: The British Monarchy and the 'Invention of Tradition,' c. 1820-1977," in Eric Hobsbawm and Terence Ranger, eds., *The Invention of Tra-*

dition (Cambridge: Cambridge University Press, 1983), pp. 101-164

Dickinson, Frederick R., *War and National Reinvention: Japan in the Great War, 1914-1919* (Cambridge: Harvard University Press, 1999)

フレドリック・R・ディキンソン「第一次世界大戦後の日本の構想——日本におけるウィルソン主義の受容」伊藤之雄・川田稔編『二〇世紀日本と東アジアの形成』(ミネルヴァ書房、二〇〇七年)、一三三〜一四九頁

Dower, John, *Embracing Defeat: Japan in the Wake of World War II* (New York: W. W. Norton & Co, 1999)

Duara, Prasenjit, *Rescuing History from the Nation: Questioning Narratives of Modern China* (Chicago: University of Chicago Press, 1995)

Ferrell, Robert H., *American Diplomacy: The Twentieth Century* (NY: Norton, 1988)

Finn, Dallas, *Meiji Revisited: The Sites of Victorian Japan* (NY: Weatherhill, 1995)

藤森照信『日本の近代建築』上・下(岩波新書、一九九三年)

Fujitani, Takashi, *Splendid Monarchy: Power and Pageantry in Modern Japan* (Berkeley: University of California Press, 1996)

深井晃子「パリ・モードの先駆者たち」鹿島茂編『宮家の時代』(朝日新聞社、二〇〇六年)、一四〜二五頁

学習院編『学習院の百年』(学習院、一九七八年)

Gluck, Carol, *Japan's Modern Myths: Ideology in the Late Meiji Period* (Princeton: Princeton University Press, 1985)

伊藤隆『大正期「革新」派の成立』(塙書房、一九七八年)

伊藤之雄『立憲国家の確立と伊藤博文』(吉川弘文館、一九九九年)

伊藤之雄『政党政治と天皇』（講談社、二〇〇二年）

Jacobson, Jon, "Is There a New International History of the 1920s?," *American Historical Review*, no. 88 (1983)

Jansen, Marius B., *The Making of Modern Japan* (Cambridge, MA: Belknap Press, 2000)

金森徳次郎監修『日本世相百年史』（京都新聞社、一九五六年）

川田稔『原敬——転換期の構想』（未来社、一九九五年）

Knock, Thomas J., *To End All Wars: Woodrow Wilson and the Quest for a New World Order* (New York: Oxford University Press, 1992)

Lone, Stewart, *Japan's First Modern War* (Palgrave, 1994)

三谷太一郎『近代日本の戦争と政治』（岩波書店、一九九七年）

小田部雄次『四代の天皇と女性たち』（文芸春秋、二〇〇二年）

村井良太『政党内閣制の成立——一九一八〜二七年』（有斐閣、二〇〇五年）

内藤陽介『皇室切手』（平凡社、二〇〇五年）

西川長夫・渡辺公三編『世紀転換期の国際秩序と国民文化の形成』（柏書房、一九九九年）

皿木喜久『平成日本の原景——大正時代を訪ねてみた』（扶桑社、二〇〇二年）

関静雄『大正外交』（ミネルヴァ書房、二〇〇一年）

Steiner, Zara, *The Lights that Failed: European International History, 1919-1933* (Oxford: Oxford University Press, 2005)

高木博志「桜とナショナリズム」西川長夫・渡辺公三編『世紀転換期の国際秩序と国民文化の形成』（柏書房、一九九九年）

田中伸尚『大正天皇の「大喪」——「国家行事」の周辺で』(第三書館、一九八八年)
竹村民郎『大正文化帝国のユートピア』(三元社、二〇〇四年)
竹山昭子『ラジオの時代』(世界思想社、二〇〇二年)
津田茂麿『明治聖上と臣高行』(原書房、一九七〇年)
Tuchman, Barbara, *The Proud Tower : A Portrait of a World Before the War : 1890-1914* (NY : Macmillan, 1962)
安田浩『天皇の政治史』(青木書店、一九九八年)

あとがき

天皇制は以前、自分の研究生活からはほど遠い存在であった。近代日本史を専門としている私は、アメリカ人である——君主制を嫌うのが本音であるはずである。確かに、一国の唯一のシンボルとして取り上げられがちな天皇に私は多少、違和感を持つ。国家というものは、大きな共同社会を建設する一方、他民族を除外する強烈な力をも持つ。帝王はその排他主義の強力なシンボルにもなれるからである。

ペンシルヴァニア大学（University of Pennsylvania）には一五年以上勤めているが、近代日本史をアイビー・リーグの大学生に教えるにあたって、一番伝えようとするメッセージとは何か？ 単純なことと思われるかもしれないが、それは、日本人の「正常性」、一九、二〇世紀の日本は他の近代国家と同じような問題に向かって、同じように解決策を探ってきた国であることを前提とし、日本をなるべく排他的な目ではなく、冷静に見ることである。だとすれば、国家や独特な文化のシンボルとして考えられうる天皇の研究に何の意義を見いだせるのであろうか。

一〇年ほど前に、シカゴ大学のプラゼンジェット・ドアラ氏が「歴史を国家から救え」と促した。

従来、歴史という学問が国家建設のために導入され発達し、歴史的な分析そのものが国家構想をめざすのだと。ドアラ氏はこの狭い視野から脱出するには歴史的分析の対象である国家の巨大な存在をまず認め、国家構想は一つではなく、各時代にいろいろ論争されるものだと理解し、その論争を正確に分析しなければならないと論じた（Prasenjit Duara, *Rescuing History from the Nation*）。

国家がそうであれば、国家と密に共存している天皇についても同じことが言えるはずである。すなわち、天皇のイメージは一つではなく、各時代にいろいろ論争されるものだと認め、歴史的観点をもって、その論争の各論点や変化を正確に把握しなければならない。そうすれば、日本人の異常性ではなく、近代日本の世界史における確かな位置がより明確になるはずだと確信している。

さて、本書の執筆にあたっては、多くの人々の手助けに依った。まず最初にミネルヴァ日本評伝選の編集委員である伊藤之雄氏（京都大学）に感謝を表したい。このシリーズが始まった当時、私にとって近代日本史の最高の英雄である加藤高明の担当がすでに決まっていることを聞いて伊藤氏に不満を漏らしたら、「他にだれをやりたいか」とすぐ聞いてきた。「それじゃ、大正天皇はどうだ」と尋ねたら「よし」と何の異議もなくすぐに承諾してくれた。牢固たるイメージに特に悩まされている大正天皇について意義あることが本当に書けるかと自分でさえ疑問を抱いていたころに伊藤氏が何の疑問もなく強く支持してくれたことは大きな支えとなった。研究生活を長年ともにしてきた伊藤氏や小林道彦氏（北九州大学）が依然としてあつく指導してくれていることを深く感謝している。両氏はともにミネルヴァ日本評伝選の執筆者であり、それぞれ優れた評伝を先に出版しており、大変参考になった。川田稔氏（名古屋大学）や奈良岡聰智氏（京都大学）を含む「二十世紀と日本研究会」の皆さんにも数多くのヒントを受けた。

本書の研究にあたって、直接お世話になった方々にお礼の言葉を贈りたい。京都大学では中西寛氏と浅田正彦氏が法学部書庫や一般図書の利用を可能にし、東京大学では加藤陽子氏が文学部や経済学部の各図書館の利用を安易にしてくれた。季武嘉也氏（創価大学）の変わりなく寛大な取り計らいにより、昔から非常な助けを得ているが、今回、「大正天皇実録」という貴重な資料に目を通すことができた。国立国会図書館の皆さんは相変わらず効率高く働き、私のような外国人研究者にとっても憲政資料室の利用が非常に楽になっている。ディキンソン・孝子氏が私の拙い文章を手早く美しい日本語に直し、救助の手となってくれた。藤井康男氏、信子氏や彩子氏が一九八〇年から私の研究生活をあつく見守って、今回は大正天皇の多摩陵を一緒に参拝しにいってくれ、忘れられない真夏の素晴らしい一日となった。京都大学大学院法学研究科修士課程の時から幅広く注意深い指導を絶え間なく下さっている佐古丞氏（大阪学院大学）からは今回も最後の仕上げに特に貴重な助言と手厚いもてなしをいただき、心から感謝している。また、日本皇室や貴族の衣裳についていろいろ聞かせて下さり、大正天皇関係の資料を一つひとつ丁寧に見せていただいた青梅きもの博物館の副館長、鈴木啓三氏に厚く御礼を申しあげたい。ミネルヴァ書房の堀川健太郎氏と下村麻優子氏は、効率よく出版の方へ導いて下さった。長い間、大正天皇の物語に耳を傾けてくれた妻のベアトリス、長女のアリサと長男のイアン、そして家族の一員として六ヶ月間、一緒に楽しく過ごしたブラジル人留学生のルカス・ジェラペは嘉仁の温かく、コスモポリタンな家族環境を思い出させ、本多辰二郎がいう大正天皇の「御幸福」を実感するような思いもした。

最後に、歴史家としての私の最大の恩人にお礼を申しあげたい。私が文部省の研修員の資格をもって京都大学に赴いた一九八三年には歴史という研究分野も高坂正堯氏という教授も見知らずであった。幸いに、先生は無知なアメリカ人留学生を快く受け入れて下さったが、たった三年の間に歴史の魅力に圧倒され、学者のあるべき姿をすっかり覚えたように思う。おかげで歴史家としての道を歩みだすことができている今、この偉大で寛大なる故高坂先生に本書を捧げたいと思う。

二〇〇九年七月

フレドリック・R・ディキンソン

大正天皇略年譜

和暦	西暦	齢	関係事項	一般事項
明治一二	一八七九	0	8・31明宮嘉仁が生まれる。12・7中山忠能邸に移る。	7・3米前大統領グラント来日。
一六	一八八三	4	4月個人養育が始まる。	
一七	一八八四	5		4月学習院が宮内省所轄の官立学校となる。
一八	一八八五	6	3・23青山御所に移る。	12月内閣制度制定。
二〇	一八八七	8	8・31儲君となる。9・19学習院予備科編入。	
二一	一八八八	9	8月箱根で初の避暑。	
二二	一八八九	10	2月赤坂離宮内東宮御所に移る。湯本武比古が御教育係となる。11・3皇太子となる。陸軍歩兵少尉任官。東宮職設置。	2月大日本帝国憲法発布。皇室典範制定。
二四	一八九一	12		5月ロシア皇太子と従弟のギリシャ王子が同行して来日。
二五	一八九二	13	12月陸軍歩兵中尉に昇任。	

二六	一八九三	14	7月学習院予備科卒業。学習院中等学科編入。	7~8月オーストリア皇太子が来日。
二七	一八九四	15	8月学習院中退。11・15広島大本営行啓。	3・9天皇大婚二五年記念祝典。8・1日清戦争開戦。
二八	一八九五	16	1・4陸軍歩兵大尉に昇任。	4・17日清講和条約調印。
三一	一八九八	19	3・22有栖川宮威仁親王、東宮賓友となる。11月陸海軍少佐に昇任。	
三二	一八九九	20	5・8威仁親王、東宮輔導となる。	7・17不平等条約放棄。
三三	一九〇〇	21	2・11婚約の発表。5・10九条節子と結婚。5・23~6・7節子とともに三重・京都・奈良行啓。10・14~12・3北九州行啓。	6月北清事変。
三四	一九〇一	22	4・29迪宮裕仁親王（昭和天皇）誕生。	
三五	一九〇二	23	5・20~6・8信越・北関東巡啓。6・25淳宮雍仁親王（秩父宮）誕生。	1・30日英同盟協約。
三六	一九〇三	24	6・22有栖川宮、東宮輔導免ぜらる。10・6~30和歌山・瀬戸内巡啓。	
三七	一九〇四	25	11・3天長節観兵式に初めて参列。	2・10日露戦争開戦。
三八	一九〇五	26	1・3光宮宣仁親王（高松宮）誕生。海軍少将に昇任。	9・5日露講和条約調印。10月大捷記念の大観艦式。12月韓国統監府を天皇に直隷し、設置。

三九	一九〇六	27	2・20明治天皇がイギリスのガーター勲章を受賞。	
四〇	一九〇七	28	5・10〜6・9山陰巡啓。10・10〜23韓国行啓。10・23〜11・14南九州・高知巡啓。	
四一	一九〇八	29	4・4〜19山口・徳島巡啓。5・22表慶館の開館式。9・8〜10・10東北巡啓。	
四二	一九〇九	30	6月新東宮御所（赤坂離宮）落成。9・15〜10・16岐阜・北陸巡啓。11月陸海軍中将に昇進。	
四三	一九一〇	31	9・2〜12栃木行啓。	10月韓国併合。
四四	一九一一	32	5・19〜24千葉行啓。8・18〜9・14北海道行啓。	
四五	一九一二	33	3・27〜4・4山梨行啓。7・30明治天皇死去。大正天皇践祚。裕仁親王皇太子となる。9・13明治天皇大喪。11・5京都行幸（明治天皇百日祭）。	12月第二次西園寺内閣総辞職（大正政変始まる）。第三次桂内閣成立。
大正 二	一九一三	34		2月第三次桂内閣総辞職。第一次山本内閣成立（大正政変終わる）。
三	一九一四	35	3〜7月東京大正博覧会。4・11昭憲皇太后死去。12・18東京駅開業。	4月第二次大隈内閣成立。7・28オーストリア、セルビアに宣戦布告（第一次世界大戦勃発）。8・23ドイツに宣戦布告。10・14日本海軍、赤道以北のドイツ

				領南洋諸島占領。11・7日本、イギリス連合軍、青島を攻略。
四	一九一五	36	11・10即位大礼。12月特別大観艦式。12・2澄宮崇仁親王（三笠宮）誕生。	5・25日華条約調印。
五	一九一六	37	4月畝傍行幸（神武天皇二五〇〇年祭）。	1月吉野作造『憲政の本義』（中央公論）。10月寺内内閣成立。
六	一九一七	38		4・6アメリカ、ドイツに宣戦布告。帝国海軍、インド洋・地中海で、連合国側商船護衛の救助活動。
七	一九一八	39	6・19イギリス陸軍元帥の名誉称号を受賞。	9月原内閣成立。11・11ドイツ敗戦。
八	一九一九	40	5・9東京奠都五〇年祭出席。12・26議会開会式を欠席。	6・28ヴェルサイユ講和条約調印。国際連盟加入。
九	一九二〇	41	1・10平和克服の大詔。3・30第一回病状発表。7・24第二回病状発表。	11・1明治神宮鎮座祭。
一〇	一九二一	42	3・3～9・3皇太子外遊。4・16第三回病状発表。10・4第四回病状発表（「脳膜炎様の御疾患」）。11・25皇太子、摂政に就任。	11・12～翌年2・6ワシントン会議開催。
一二	一九二三	44		9・1関東大震災。

一三	一九二四	45	1・26摂政裕仁親王の結婚。	6・11第一次加藤高明内閣成立。
一四	一九二五	46	5・5普通選挙法制定。5・10銀婚式奉祝日。	3月ラジオ放送開始。8・2第二次加藤高明内閣成立。
一五	一九二六	47	10・21皇室葬儀令、皇室陵墓令、宮内省令出される。12・25死去。昭和天皇践祚。	
昭和 二	一九二七		2・7〜8大喪。2・9〜3・31多摩陵が一般公開される。11・3明治節設定。	1〜4月雑誌『キング』の明治天皇特集。
三	一九二八		11・10昭和天皇の即位大礼。	

や・ら・わ行

た 行

な 行

は 行

ま 行

人名索引

《著者紹介》

フレドリック・R・ディキンソン（Frederick R. Dickinson）

1961年　東京に生まれる。

1986年　京都大学大学院法学研究科修士課程修了。

1993年　エール大学大学院歴史学研究科博士課程満期退学。博士（歴史学）。

現　在　ペンシルヴァニア大学大学院歴史学研究科・歴史学部准教授。

著　作　*War and National Reinvention : Japan in the Great War, 1914-1919* (Cambridge: Harvard University Press, 1999).

「第一次世界大戦後の日本の構想――日本におけるウィルソン主義の受容」伊藤之雄・川田稔編著『20世紀日本と東アジアの形成――1867～2006』ミネルヴァ書房，2007年。

「バイオハザード――731部隊と戦後日本の国民的『忘れやすさ』の政治学」W・ラフルーア／G・ベーメ／島薗進編著『悪夢の医療史――人体実験・軍事技術・先端生命科学』勁草書房，2008年，ほか。

ミネルヴァ日本評伝選

大《たい》正《しょう》天《てん》皇《のう》

――一躍五大洲を雄飛す――

2009年９月10日　初版第１刷発行　〈検印省略〉

2009年12月10日　初版第２刷発行

定価はカバーに
表示しています

著　者　F・R・ディキンソン

発行者　杉　田　啓　三

印刷者　江　戸　宏　介

発行所　株式会社　ミネルヴァ書房

607-8494 京都市山科区日ノ岡堤谷町１

電話（075）581-5191（代表）

振替口座 01020-0-8076番

©F・R・ディキンソン，2009

〔076〕共同印刷工業・新生製本

ISBN978-4-623-05561-6

Printed in Japan

刊行のことば

歴史を動かすものは人間であり、興趣に富んだ人間の動きを通じて、世の移り変わりを考えるのは、歴史に接する醍醐味である。

しかし過去の歴史学を顧みるとき、人間不在という批判さえ見られたように、歴史における人間のすがたが、必ずしも十分に描かれてきたとはいえない。二十一世紀を迎えた今、歴史の中の人物像を蘇生させようとの要請はいよいよ強く、またそのための条件もしだいに熟してきている。

この「ミネルヴァ日本評伝選」は、正確な史実に基づいて書かれるのはいうまでもないが、単に経歴の羅列にとどまらず、歴史を動かしてきたすぐれた個性をいきいきとよみがえらせたいと考える。そのためには、対象とした人物とじっくりと対話し、ときにはきびしく対決していくことも必要になるだろう。

今日の歴史学が直面している困難の一つに、研究の過度の細分化、瑣末化が挙げられる。それは緻密さを求めるが故に陥った弊害といえるが、その結果として、歴史の大きな見通しが失われ、歴史学を通しての社会への働きかけの途が閉ざされ、人々の歴史への関心を弱める危険性がある。今こそ歴史が何のためにあるのかという、基本的な課題に応える必要があろう。評伝という興味ある方法を通じて、解決の手がかりを見出せないだろうかというのも、この企画の一つのねらいである。

狭義の歴史学の研究者だけでなく、多くの分野ですぐれた業績をあげている著者たちを迎えて、従来見られなかった規模の大きな人物史の叢書として、「ミネルヴァ日本評伝選」の刊行を開始したい。

平成十五年（二〇〇三）九月

ミネルヴァ書房

ミネルヴァ日本評伝選

企画推薦
梅原 猛
ドナルド・キーン
佐伯彰一
角田文衞

監修委員
上横手雅敬
芳賀 徹

編集委員
石川九楊
伊藤之雄
猪木武徳
今谷 明
今橋映子
熊倉功夫
佐伯順子
坂本多加雄
武田佐知子
竹西寛子
西口順子
兵藤裕己
御厨 貴

上代

俾弥呼　古田武彦
日本武尊　西宮秀紀
仁徳天皇　若井敏明
雄略天皇　吉村武彦
*蘇我氏四代　遠山美都男
推古天皇　義江明子
聖徳太子　仁藤敦史
斉明天皇　武田佐知子
小野妹子・毛人　大橋信弥
*額田王　梶川信行
弘文天皇　遠山美都男
天武天皇　新川登亀男
持統天皇　丸山裕美子
阿倍比羅夫　熊田亮介
柿本人麻呂　古橋信孝
元明・元正天皇　渡部育子
聖武天皇　本郷真紹
光明皇后　寺崎保広
孝謙天皇　勝浦令子
藤原不比等　荒木敏夫
吉備真備　今津勝紀
藤原仲麻呂　木本好信
道　鏡　吉川真司
大伴家持　和田　萃
行　基　吉田靖雄

平安

*桓武天皇　井上満郎
嵯峨天皇　西別府元日
宇多天皇　古藤真平
醍醐天皇　石上英一
村上天皇　京樂真帆子
花山天皇　上島　享
三条天皇　倉本一宏
藤原薬子　中野渡俊治
小野小町　錦　仁
藤原良房・基経　滝浪貞子
菅原道真　竹居明男
*紀貫之　神田龍身
源高明　所　功
慶滋保胤　平林盛得
*安倍晴明　斎藤英喜
藤原実資　橋本義則
*藤原道長　朧谷　寿
藤原定子　山本淳子
清少納言　後藤祥子
紫式部　竹西寛子
和泉式部　ツベタナ・クリステワ
大江匡房　小峯和明
阿弖流為　樋口知志
坂上田村麻呂　熊谷公男
*源満仲・頼光　元木泰雄
平将門　西山良平
藤原純友　寺内　浩
空　海　頼富本宏
最　澄　吉田一彦
*空　也　石井義長
奝　然　上川通夫
*源　信　小原　仁
後白河天皇　美川　圭
式子内親王　奥野陽子
建礼門院　生形貴重
平清盛　田中文英
藤原秀衡　入間田宣夫
平時子・時忠　元木泰雄
平維盛　根井　浄
守覚法親王　阿部泰郎
藤原隆信・信実　山本陽子

鎌倉

源頼朝　川合　康
*源義経　近藤好和
後鳥羽天皇　五味文彦
九条兼実　村井康彦
北条時政　野口　実
熊谷直実　佐伯真一
*北条政子　関　幸彦
北条義時　岡田清一

曾我十郎・五郎　杉橋隆夫
北条時宗　近藤成一
安達泰盛　山陰加春夫
平頼綱　細川重男
竹崎季長　堀本一繁
西　行　光田和伸
藤原定家　赤瀬信吾
*京極為兼　今谷　明
*兼　好　島内裕子
重　源　横内裕人
*運　慶　根立研介
法　然　今堀太逸
慈　円　大隅和雄
明　恵　西山　厚
親　鸞　末木文美士
恵信尼・覚信尼　西口順子
道　元　船岡　誠
叡　尊　細川涼一
*忍　性　松尾剛次
*日　蓮　佐藤弘夫
一　遍　蒲池勢至
夢窓疎石　田中博美
*宗峰妙超　竹貫元勝

南北朝・室町

後醍醐天皇　上横手雅敬
護良親王　新井孝重
*北畠親房　岡野友彦
楠正成　兵藤裕己
*新田義貞　山本隆志
光厳天皇　深津睦夫
足利尊氏　市沢　哲
佐々木道誉　下坂　守
円観・文観　田中貴子
足利義満　川嶋將生
足利義教　横井　清
大内義弘　平瀬直樹
伏見宮貞成親王　松薗　斉
山名宗全　山本隆志
日野富子　脇田晴子
世阿弥　西野春雄
雪舟等楊　河合正朝
宗　祇　鶴崎裕雄
*満　済　森　茂暁
一休宗純　原田正俊

戦国・織豊

北条早雲　家永遵嗣
毛利元就　岸田裕之
*今川義元　小和田哲男
*武田信玄　笹本正治
*真田氏三代　笹本正治
三好長慶　仁木　宏
*上杉謙信　矢田俊文
吉田兼倶　西山　克
山科言継　松薗　斉
*雪村周継　赤澤英二
織田信長　三鬼清一郎
豊臣秀吉　藤井讓治
*北政所おね　田端泰子
*淀　殿　福田千鶴
前田利家　東四柳史明
黒田如水　小和田哲男
蒲生氏郷　藤田達生
細川ガラシャ　田端泰子
伊達政宗　伊藤喜良
*支倉常長　田中英道
ルイス・フロイス
エンゲルベルト・ヨリッセン
*長谷川等伯　宮島新一
顕　如　神田千里

江戸

徳川家康　笠谷和比古
徳川吉宗　横田冬彦
*後水尾天皇　久保貴子
光格天皇　藤田　覚
崇　伝　杣田善雄
春日局　福田千鶴
池田光政　倉地克直
シャクシャイン　岩崎奈緒子
*田沼意次　藤田　覚
*二宮尊徳　小林惟司
末次平蔵　岡美穂子
高田屋嘉兵衛　生田美智子
林羅山　鈴木健一
中江藤樹　辻本雅史
山崎闇斎　澤井啓一
山鹿素行　前田　勉
*北村季吟　島内景二
貝原益軒　辻本雅史
松尾芭蕉　楠元六男
*ケンペル　ボダルト・ベイリー
荻生徂徠　柴田　純
雨森芳洲　上田正昭
前野良沢　松田　清
平賀源内　石上　敏
本居宣長　田尻祐一郎
杉田玄白　吉田　忠
上田秋成　佐藤深雪
木村蒹葭堂　有坂道子
*大田南畝　沓掛良彦
菅江真澄　赤坂憲雄
*鶴屋南北　諏訪春雄
良　寛　阿部龍一
*山東京伝　佐藤至子
*滝沢馬琴　高田　衛
平田篤胤　川喜田八潮
シーボルト　宮坂正英
本阿弥光悦　岡　佳子
小堀遠州　中村利則
尾形光琳・乾山　河野元昭
*二代目市川團十郎　田口章子
与謝蕪村　佐々木丞平

伊藤若冲　狩野博幸
鈴木春信　小林　忠
円山応挙　佐々木正子
＊佐竹曙山　成瀬不二雄
葛飾北斎　岸　文和
酒井抱一　玉蟲敏子
孝明天皇　青山忠正
＊和　宮　辻ミチ子
徳川慶喜　大庭邦彦
島津斉彬　原口　泉
＊古賀謹一郎　小野寺龍太
＊月　性　海原　徹
＊吉田松陰　海原　徹
＊高杉晋作　海原　徹
オールコック　佐野真由子
アーネスト・サトウ　奈良岡聰智
冷泉為恭　中部義隆

近代

＊明治天皇　伊藤之雄
＊大正天皇　フレッド・ディキンソン
昭憲皇太后・貞明皇后　小田部雄次
大久保利通　三谷太一郎
山県有朋　鳥海　靖
木戸孝允　落合弘樹
井上　馨　伊藤之雄
＊松方正義　室山義正
北垣国道　小林丈広
大隈重信　五百旗頭薫
伊藤博文　坂本一登
井上　毅　大石　眞
＊桂　太郎　小林道彦
＊乃木希典　佐々木英昭
林　董　君塚直隆
児玉源太郎　小林道彦
＊高宗・閔妃　木村　幹
山本権兵衛　室山義正
高橋是清　鈴木俊夫
小村寿太郎　簑原俊洋
＊犬養　毅　小林惟司
加藤高明　櫻井良樹
加藤友三郎・寛治　麻田貞雄
田中義一　黒沢文貴
平沼騏一郎　堀田慎一郎
宇垣一成　北岡伸一
宮崎滔天　榎本泰子
＊浜口雄幸　川田　稔
幣原喜重郎　西田敏宏
関　一　玉井金五
広田弘毅　井上寿一
安重根　上垣外憲一
グルー　廣部　泉
永田鉄山　森　靖夫
東條英機　牛村　圭
今村　均　前田雅之
蔣介石　劉　岸偉
石原莞爾　山室信一
木戸幸一　波多野澄雄
伊藤忠兵衛　末永國紀
五代友厚　田付茉莉子
大倉喜八郎　村上勝彦
安田善次郎　由井常彦
渋沢栄一　武田晴人
山辺丈夫　宮本又郎
武藤山治　阿部武司・桑原哲也
小林一三　橋爪紳也
大倉恒吉　石川健次郎
大原孫三郎　猪木武徳
＊河竹黙阿弥　今尾哲也
イザベラ・バード　加納孝代
＊林　忠正　木々康子
森　鷗外　小堀桂一郎
二葉亭四迷　ヨコタ村上孝之
巌谷小波　千葉信胤
樋口一葉　佐伯順子
島崎藤村　十川信介
泉　鏡花　東郷克美
有島武郎　亀井俊介
永井荷風　川本三郎
北原白秋　平石典子
菊池　寛　山本芳明
宮澤賢治　千葉一幹
正岡子規　夏石番矢
高浜虚子　坪内稔典
与謝野晶子　佐伯順子
＊種田山頭火　村上　護
斎藤茂吉　品田悦一
＊高村光太郎　湯原かの子
萩原朔太郎　エリス俊子
原阿佐緒　秋山佐和子
＊狩野芳崖・高橋由一　古田　亮
竹内栖鳳　北澤憲昭
黒田清輝　高階秀爾
中村不折　石川九楊
横山大観　高階秀爾
＊橋本関雪　西原大輔
小出楢重　芳賀　徹
土田麦僊　天野一夫
岸田劉生　北澤憲昭
松旭斎天勝　川添　裕
中山みき　鎌田東二
ニコライ　中村健之介
出口なお・王仁三郎　川村邦光
島地黙雷　阪本是丸
＊新島　襄　太田雄三
嘉納治五郎　クリストファー・スピルマン
＊澤柳政太郎　新田義之
河口慧海　高山龍三
大谷光瑞　白須淨眞

*久米邦武 髙田誠二
フェノロサ 伊藤 豊
三宅雪嶺 長妻三佐雄
内村鑑三 新保祐司
*岡倉天心 木下長宏
志賀重昂 中野目徹
徳富蘇峰 杉原志啓
竹越與三郎 西田 毅
内藤湖南・桑原隲蔵 礪波 護
岩村 透 今橋映子
西田幾多郎 大橋良介
喜田貞吉 中村生雄
上田 敏 及川 茂
柳田国男 鶴見太郎
厨川白村 張 競
大川周明 山内昌之
折口信夫 斎藤英喜
九鬼周造 粕谷一希
辰野 隆 金沢公子
シュタイン 瀧井一博
*福澤諭吉 平山 洋
福地桜痴 山田俊治
中江兆民 田島正樹
田口卯吉 鈴木栄樹
*陸 羯南 松田宏一郎
宮武外骨 山口昌男
*吉野作造 田澤晴子
野間清治 佐藤卓己
山川 均 米原 謙
北 一輝 岡本幸治
杉 亨二 速水 融
*北里柴三郎 福田眞人
田辺朔郎 秋元せき
*南方熊楠 飯倉照平
寺田寅彦 金森 修
石原 純 金子 務
J・コンドル 鈴木博之
辰野金吾 河上真理・清水重敦
小川治兵衛 尼崎博正

現代

昭和天皇 御厨 貴
高松宮宣仁親王 後藤致人
*李方子 小田部雄次
吉田 茂 中西 寛
マッカーサー 柴山 太
重光 葵 武田知己
池田勇人 中村隆英
和田博雄 庄司俊作
朴正熙 木村 幹
竹下 登 真渕 勝
*松永安左エ門 橘川武郎
鮎川義介 井口治夫
出光佐三 橘川武郎
松下幸之助 米倉誠一郎
渋沢敬三 井上 潤
本田宗一郎 伊丹敬之
井深 大 武田 徹
佐治敬三 小玉 武
幸田家の人々 金井景子
*正宗白鳥 大嶋 仁
大佛次郎 福島行一
*川端康成 大久保喬樹
薩摩治郎八 小林 茂
松本清張 杉原志啓
安部公房 成田龍一
三島由紀夫 島内景二
R・H・ブライス 菅原克也
金素雲 林 容澤
柳 宗悦 熊倉功夫
バーナード・リーチ 鈴木禎宏
イサム・ノグチ 酒井忠康
川端龍子 岡部昌幸
藤田嗣治 林 洋子
*井上有一 海上雅臣
*手塚治虫 竹内オサム
山田耕筰 後藤暢子
古賀政男 藍川由美
吉田 正 金子 勇
武満 徹 船山 隆
*力道山 岡村正史
美空ひばり 朝倉喬司
植村直巳 湯川 豊
*西田天香 宮田昌明
安倍能成 中根隆行
G・サンソム 牧野陽子
和辻哲郎 小坂国継
青木正児 井波律子
矢代幸雄 稲賀繁美
石田幹之助 岡本さえ
*平泉 澄 若井敏明
安岡正篤 片岡杜秀
島田謹二 小林信行
前嶋信次 杉田英明
竹山道雄 平川祐弘
保田與重郎 谷崎昭男
福田恒存 川久保剛
井筒俊彦 安藤礼二
佐々木惣一 松尾尊兊
*瀧川幸辰 伊藤孝夫
矢内原忠雄 等松春夫
福本和夫 伊藤 晃
*フランク・ロイド・ライト 大久保美春
大宅壮一 有馬 学
清水幾太郎 竹内 洋
今西錦司 山極寿一

*は既刊

二〇〇九年十二月現在